# 黑暗中的绽放

## ——北京市盲人学校优秀毕业生事迹集

BLOOMING
IN DARKNESS

吉林大学出版社

一部震撼你心灵的励志经典
一曲你不可错过的生命赞歌

　　阅读此书，或许你无法体会盲人在黑暗中的世界，但你一定会感受到他们在黑暗中绽放的光芒

# 序　言

　　北京市盲人学校创建于 1874 年，至今已有 134 年的办学历史。进入 21 世纪，随着首都教育现代化步伐的加快，学校的教育教学改革有了长足的发展，特别是 2006 年 7 月，在中共北京市委、市政府以及市委教育工委、市教委的关心和领导下，北京市物资储备职工中等专业学校与北京市盲人学校合并组建了新北京市盲人学校，百年老校又迎来了崭新的发展机遇，学校的建设、改革和发展取得显著的成绩，正在向着"北京最好、全国第一、世界一流"的办学目标迈进。

　　多年来，北京市盲人学校坚持党的教育方针，坚持以科学发展观为指导，树立以学生发展为本的理念，努力办好人民满意的特殊教育，培养了一批又一批的优秀毕业生。很多毕业生都不无感慨地说："我有今天的成就，与母校的培养是分不开的，没有母校就没有我的今天。"本书收集整理了我校一部分优秀毕业生的事迹，他们有在不断的挫折和绝望中学会坚强的第一枚残奥会金牌获得者平亚利；有 S11 级 50 米自由泳世界纪录创造者、保持者谢青；有让五星红旗高高飘扬的我国著名盲人女运动员马巧云；有用坚强、乐观、勇敢、热情打开了心灵的窗户，开辟了无限宽广的耳边世界的中国第一位女盲人钢琴调律师陈燕；有扬鞭奋蹄、展翅翱翔的盲人创业家刘从军；有身残志坚、人生当自强的中国第一家盲人按摩网站创始人曹军；有敢于自我挑战，不断追求人生的企业管理者于俊海；有坚信大雨过后必有晴空万里、踏过荆棘必是鲜花满地的盲人按摩师贾健敏；有用手触摸世界，用心寻找光明的中国盲文出版社副编审李珍；有如春蚕吐丝般地为盲教事业贡献力量，在忙与累中实现着自己的人生价值的盲人钢琴调律专业教师李任炜；有和自己赛跑，为了更好的明天而奋斗不息的盲人教师沈雪飞；有用顽强书写亮丽人生的盲人教师王虹；有文教战线的标兵盲人数学教师邵作夫；有盲人按摩股份制企业"北京爱心自强盲人按摩中心"的创始人韩春玲、王军夫妇；有被媒体称为"天下第一弓"的中国盲人艺术家田山；有勇敢的垦荒者，通过自己辛勤的耕耘，为盲胞送去更多更好的精神食粮的盲人李雪梅……他们以其顽强的斗志在社会的各个领域谱写着自强不息的赞歌，作为母校的北京市盲人学校更为他们的成绩而倍感自豪。

20世纪，一个生活在黑暗中却又给人类带来光明的女性，一个度过了87年无光、无声、无语生活的弱女子——海伦·凯勒以其独特的生命个体震撼了世界。海伦接受了生命的挑战，用爱心去拥抱世界，以惊人的毅力面对困境，终于在黑暗中找到了光明。

海伦·凯勒无疑是黑暗中的勇者，而在北京市盲人学校，这些搏击黑暗、渴望光明的学生们，他们虽然看不到这个世界的五彩斑斓，但他们依然灿烂地笑着去面对每天的生活与学习。他们的心里有着和海伦一样坚定的信念与意志，他们坚守着一颗勇敢的心，以惊人的意志在黑暗中顽强地绽放，投射出夺目的生命之光，他们用顽强不屈的精神，抒写着一曲曲生命的奇迹。他们是生命的勇者，是黑暗中的斗士。当然我也看到从学前教育到义务教育，从高中教育到中等职业教育、成人职业培训，我校的老师们付出比常人更多的耐心与爱心，给予学生们更多的照料、教育和培养，他们默默无闻、辛勤耕耘、扎根视障教育的精神无疑给学生们点亮了一盏璀璨的明灯。

本书收录的这些毕业生就是我们身边的海伦·凯勒，是我们身边的黑暗中的勇者，也正是为此，本书不仅仅是一本毕业生事迹集，它更是一本难得的励志经典，一曲你不可错过的生命赞歌。阅读此书，或许你无法体会盲人在黑暗中的世界，但你一定会感受到他们在黑暗中绽放的光芒。

值此2008年第13届北京残奥会来临之际，谨以此书向第13届残奥会和全社会残疾朋友以及关心支持残疾人事业的人们献礼！

北京市盲人学校校长　刘丽波

# 目 录

MU LU

目录

# 一、视障阻不断生命的斗志

▲ 平亚利

在不断的挫折和绝望中，学会坚强。

——平亚利

## 永不褪色的金牌
### ——第一枚残奥会金牌获得者平亚利

　　1984 年 6 月 23 日，国际体坛向世界宣布了一条新闻："北京的平亚利以 4.28 米的成绩获得女子半盲（B2 级）跳远冠军，为中国队在国际伤残人奥运会上夺取第一枚金牌。"大家都知道，1984 年 9 月洛杉矶奥运会上，许海峰一枪打破了中国奥运会零的记录，为中国队夺取了第一枚金牌，而事实上，22 岁的北京盲姑娘在那届伤残人奥运会上为中国夺得第一枚金牌，较之许海峰早三个月。就时间意义上来说，中国奥运会金牌零的突破的开拓者是平亚利。

　　作为一名运动员，平亚利把"更高、更快、更强"的奥林匹克精神发扬光大；作为一名下岗的残疾人，平亚利以坚忍不拔的精神为"自尊、自立、自强"注入了时代的内涵。她的事迹曾被改编为电影《黑眼睛》，而她说："虽然人生如戏，但真正的导演是你自己……"

　　她因母亲怀孕时感染风疹而患有先天性白内障，多彩的世界在她

眼中是混沌的一片。她15岁开始在盲人学校开始练习短跑和跳远，20岁时进入了国家集训队。1984年6月，在先于奥运会举办的残疾人奥运会上她获得了女子跳远冠军，为我国获得第一枚残疾人奥运会金牌。

然而金牌没有改变她的命运，被她寄予厚望的儿子出生伊始就遗传了先天性白内障，9年前，她又因单位不景气而下岗在家，每月仅靠285元维持生计，丈夫也离她而去。

在遭遇一系列不幸之后，她一度想卖掉奥运金牌，以缓解家庭经济的窘迫。但最终她选择了自主创业，重新捡起20多年前在盲人学校所学的按摩技术。在全新的领域里，她曾有过创业初成的欣喜，也有分店倒闭的惨痛教训。他粗鞭收到过客人欺负盲人而恶意支付的假币，但她还是利用休息时间为小区里的残疾人、孤寡老人义务按摩……

平亚利说，自己的故事是和3个300元分不开的。

由于从小罹患先天性白内障，平亚利的视力不到0.1，只有微弱的光感。初中毕业后她进入了"北京市盲人学校按摩中专班"学习。盲校教体育的高老师发现了她的运动潜质，便对她精心培养，使平亚利这名盲姑娘不仅走出了狭隘封闭的生活空间，增强了体质，还树立起了积极进取的奋斗精神。

平亚利为了加强锻炼，每天都风雨无阻地坚持跑步上学，以致后来有人说："中国第一块残奥会金牌是在马路上跑出来的！"提到当时的情景，平亚利记忆犹新："刚开始田径项目训练时，总是感觉不好沙坑的位置，经常跳出沙坑，摔得身上青一块紫一块的。之后又踩不准踏板，尽管我们的踏板要比健全人的宽，但因为视力不好，有时训练一星期也踩不到踏板上。于是我就天天练，一遍不行跳八遍。"正是平亚利这种坚韧不拔的性格，让她一路克服重重困难，最终走到奥运冠军的领奖台上。1984年6月，在美国纽约举办的第七届国际残疾人奥运会上，平亚利在女子B2级（视力在0.01~0.03之间）跳远比赛中，以4.28米的成绩为中国夺得了历史上第一枚残奥会金牌，这块金牌比许海峰1984年7月在洛杉矶奥运会上获得的手枪慢射金牌早了一个月。

比赛当天，平亚利在做准备活动时，因心理紧张而上腿发抖：

"以前参加最高级别的比赛就是远南运动会，选手也仅限于黑头发、黄皮肤的亚州人，第一次和白人选手比赛，双腿自然就不听使唤了。"时任田径队总教练的田麦久发现了这一情况，她走到平亚利身边说："别紧张，不要以为白人就怎样，其实他们的腿比你抖得还厉害。"这句话让平亚利彻底放松下来，很快进入了比赛状态。

比赛进行得惊心动魄，场上水平最高的巴西姑娘第一次试跳时就跳出了 4.18 米的成债，而平亚利在国内比赛的最好成绩仅为 3.92 米。听到场内响起的热烈掌声，平亚利焦急地问田麦久："她跳了多远?"为了让她自信，田教练说："4 米左右，你完全可以超过她。"

属于"比赛型"选手的平亚利一听，来了劲，她充满信心地开始助跑，起跳时大喊一声，奋力跳进了沙坑，结果出人意料地跳出了 4.28 米的成绩，最终获得了冠军。

提到当时夺取金牌的经历时，平亚利显得很激动，"尽管五星红旗在我眼中只是色块，但站在领奖台上的我，还是想努力看清那鲜红的色块升到赛场的最高处。"得到奥运冠军，平亚利还得到了 300 元奖金。"这在当时已经不低了。因为此前还没有对奥运冠军实施奖励的相关规定，所以只能参照 1950 年中学生运动会获得金牌的奖励标准。"

获得残奥会冠军之后的平亚利，平静地回到原单位上班，她对生活没有太多的奢望，只想拥有一个美满的家庭，一个健康的孩子。两年后，平亚利结婚了。第二年，她怀孕了。1988 年，平亚利为了照顾即将出生的孩子，结束了自己 9 年的运动生涯，9 年里她获得各项赛事的奖牌十多枚。

1988 年 5 月，平亚利顺利地产下了一名男婴。此前她对遗传学略有了解，生产之前就一直担心孩子会遗传自己的先天性白内障，但事情真的发生了，孩子也患有先天性白内障，视力不到 0.1。

平亚利为不能带给孩子一个多彩的世界而深深自责："母亲怀孕时因误服药导致了我的残疾，她为此深感歉疚，所以去世时死未瞑目，当我得知自己的不幸将在儿子身上重演，而我也将向母亲那样背负一世的歉疚时，真想抱着儿子一起从楼上跳下去，早点结束这样的痛苦。"残联的领导给了平亚利重新生活的勇气，他们说："儿子既然能遗传你的缺陷，肯定也能继承你身上健康向上、坚强不屈的性格优

点。"这番话让平亚利对儿子的前途重新燃起了希望，她给儿子取名"冯博"，意思是让孩子长大后博学多才，而不是像她一样只是在体育领域有所专长。

之后，平亚利努力地工作，细心地呵护着儿子，照顾着家庭。丈夫和她的收入只够勉强度日，因此日子过得相当清贫，但一家三口也算是其乐融融。然而祸不单行，1997年，平亚利所在的工厂效益下滑，她开始在家待业，每月只有285元下岗工资。1999年，再也无法忍受生活重负的丈夫选择了离开他们母子。这让平亚利备受打击，"我自己是残疾人，又是下岗女工、单亲妈妈，还有一个未成年的盲人孩子，我当时觉得自己快要承受不住了。"这一年的春节前夕，平亚利手里只剩下50元钱了，为了让儿子过个好年，她打算卖掉自己的奥运金牌。恰在此时，她申请了300元的特困补助金，而这300元像是平亚利的一根救命稻草。

"发钱那天的情景我终生难忘。"平亚利在采访过程中眼睛湿润了。"我是带着10岁的儿子一同去的，当时的心情特别复杂，毕竟我也是奥运冠军，现在却来领救济金。"正当平亚利签好字，伸手去拿放在桌子上的300元钱时，突然响起的照相机快门声令她心里一颤，原来有记者在现场拍摄发放救济金的场景。平亚利再也控制不住自己的泪水，自己曾无数次面对闪光灯露出自豪的笑容，和许海峰一起高擎火炬采集火种，点燃"远南"运动会的圣火，为祖国载誉而归后受到国家领导人的接见。而现在她同样是面对这闪光灯，却伸手接过了国家的救济补助。

平亚利发誓："明年的今天，我一定要让自己的名字从这个名单中划掉。我还年轻，不能轻易认输。过去作为运动员，我战胜过许多对手，现在我要战胜自己。

2002年，平亚利收到了第三个300元钱，这是石景山区政府发给她的创业奖励。

1999年6月29日，在亲戚朋友的帮助下，平亚利凑了2万元钱，凭着她在盲人学校学到的手艺开设了"平亚利保健按摩诊所"。她将自家原本已很狭小的住房分成了工作区和生活区，居委会干部为她义务宣传，社区居民也纷纷前来捧场。平亚利更是尽心竭力地为病人治疗，手累了，胳膊酸了也全然不顾。开业当月，平亚利就赚了2100元钱，她留下了 600 元的生活费，其余的用于偿还欠款。

每次送走一位客人，平亚利都会细心地用盲文记下他们的症状，反复琢磨着按摩的手法，计算着按摩达到的疗效。经过不懈的努力，平亚利于 2001 年拿到了盲人按摩从业资格证。此时，她已经积累了很多经验，也从工作中找到了久违的快乐。"平大夫，谢谢您！"是平亚利最爱听的一句话。

按摩店逐渐红火起来后，平亚利还清了所有的欠款，还去街道民政科退掉了低保。她对街道干部兴奋地说："我有手有脚，可以养活自己和儿子。"儿子喜欢听歌，平亚利就给他买了一套音响，希望他具有积极健康的思想和心灵，也希望他能得到更多的快乐。

2002 年，平亚利参加了中央电视台的"激情创业"节目，过五关斩六将，最终取得了胜利，获得了 8 万元的创业基金。也就在这一年，平亚利收到了第三个 300 元钱，这是石景山区政府发给她的创业奖励。

平亚利的创业之路也不是一帆风顺的。2002 年 6 月，她用 8 万元创业基金在丰台开了一家按摩店，但由于选址方面出现问题，她的第二次创业以失败告终，最终赔了 2 万多元。要强的平亚利没有气馁。2004 年，通过北京残联的推荐，平亚利参加了国际劳工组织在中国开办的"SYB 创业项目"。通过参加这次培训，她认识到第二次创业的失误是由于自己不懂经营管理之道，于是便在市场调研、选址、定价、管理等方面下工夫，准备再次创业。同年 8 月，平亚利经过多次考察，决定把第二家按摩店开在海淀区翠微路 4 号颐源居小区，并尝试了美容、美发、足疗等多种经营。

目前，平亚利的第三家按摩店即将在玉泉路附近的高档社区"远洋山水"开业，她对自己以后的事业和生活充满信心："我的目标是开设 5 家以上的分店，安置 40~50 名残疾人就业。"从贫困中走出来的她，始终没有忘记残疾人群体，两家按摩店已经雇了 10 个按摩师，都是视力残疾者。

"在不断的挫折和绝望中，学会坚强。"这是平亚利留给我们最铿锵有力的声音。

SHI ZHANG ZU
BU DUAN SHENG MING DE DOU ZHI
视障阻 不断 生命 的 斗志

珍惜、知足、感恩

——谢青

▲ 谢 青

## 用心眼寻找人生坐标的女孩
### ——记北京市盲人学校高三学生、S11 级 50 米自由泳
### 世界纪录创造者、保持者谢青

如果把人的生命比作漂流在茫茫大海里的一叶小舟的话，那么，寻找到它的正确坐标并最终到达终点，便是这叶小舟来此航行的唯一使命。

谢青就是那一叶小舟，但是，它从来到大海那天起就看不见航标灯，只能凭借心眼去寻找坐标，去完成自己的使命。

因为，最让人敬佩的是，这叶小舟的理想极其远大，并不甘心停泊在已到达的坐标上，它想去更遥远、更辽阔的海域去看看，它不断寻找着新坐标，去拼搏！

让我们一起来近距离看看谢青这叶小舟的魅力所在吧，看它是如何感染同行者，给它们启发、力量和希望的。

### 一、谢青具有超强的吃苦精神

谢青吃过的苦是常人难以想象的。都说"没妈的孩子是根草"，而谢青这根小草连世界也看不清。她不幸患有先天性视网膜萎缩，只有些许光感，并且到不了成人年龄双眼就会完全失明。出生不久后父母就离异了，是奶奶抚养了她，到上学年龄一天也没耽误就把她送到了北京市盲人学校读书。奶奶对小谢青说，咱虽没有视力但不能没有文化，今后无论做什么也不能没有知识，好好学吧孩子，听老师的话，长大后咱一定能自食其力的……

小谢青很懂事，奶奶的话她牢记在心。老师和同学们都很喜欢这个可爱的小姑娘。

八岁那年，市残疾人游泳队教练来盲校挑苗子，虽然谢青根本不会游泳，但体育老师还是推荐了她。体育老师向教练介绍说，"别看这孩子瘦弱，但特别能吃苦，经过您的培养，兴许日后能成材呢。"体育老师又蹲下身对小谢青说，"跟教练去练本领吧，外面的世界很大，长了本事，想飞多高就能飞多高！"有30多年从业经验的教练一眼就看出小谢青身体很具柔韧性和协调性，不住点头称赞。

小谢青回家征求奶奶的意见，奶奶很痛快地说，"只要你喜欢就去吧，就算练不出名堂，咱还能把身体练得棒棒的呢。"就这样，小谢青在奶奶的接送下，几乎每天下午都到游泳队训练。从学校到游泳馆要倒两次车，途中还要经过一个坎坷不平的低矮涵洞，下雨天里面积水深到膝盖，天都晴好几天了，里面还是泥泞难行，冬天时里面全是冰疙瘩。每天赶车、等车、挤车要花掉近小时，途中步行所走的路加起来有好几里，小谢青风雨无阻地一走就是十年。十年里，盛夏的骄阳不知蒸发走她多少汗水，寒冬的北风不知吹裂过多少次她的嘴唇，瓢泼的大雨不知打透过多少次她的衣衫，纷扬的雪花不知融湿过多少次她的脸庞……但她瘦小的身影就是那样坚定地一次又一次从冬穿越到夏，从秋叶飘零穿越到百草发芽。与她擦肩而过的路人哪个会知道，这个脚步蹒跚的小姑娘日后居然能成为世界冠军！

游泳是一项体能消耗很大的运动项目，一节训练课就要游几千米，有时一天要游上万米，在水里都能感到头上的汗水往外冒，没有超常的毅力和吃苦精神是绝对坚持不下来的。有时谢青累得实在游不动了，只剩下漂的力气了，但她也从没中途退出过训练，就是咬牙漂也要漂到终点，因为她深知，没有哪个冠军不是通过艰苦训练就当上的，自己在训练中每多划一次水，就离既定目标更近一些。

　　然而，训练不仅是艰苦的，而且是枯燥的，在谢青还没有出成绩的那些年里，别说世界纪录，就连全国纪录、省级记录对她来说也遥不可及。她日复一日地挥着臂膀在池水里不断地游啊游啊，一次又一次东奔西跑参加各种比赛，在教练的指点下、在同对手较量中不断提高自己的成绩。谢青就像那只寻找龙门的小鲤鱼，唯有找到那高高的龙门，不顾粉身碎骨地跳过去，才能变成金龙鱼，去江河，去大海，去万里长空遨游……

　　她日复一日地游，无怨无悔地练。挥动着的手臂不知多少次被带刺的水道碰破、刮伤；训练不达标被教练批评，哭后抹着眼泪继续加课苦练。实在坚持不下去的时候，她也有过想放弃的念头和训练中的偷懒，但火眼金睛的教练批评起她毫不留情，"你以为世界冠军那么好得的吗？有谁不吃尽苦中苦奖牌就挂他脖子上了？优秀运动员的毅力不是天生的，也不是一朝一夕就能形成的，坚持不了，想偷懒，趁早回家去算了，别在这瞎耽误工夫……"谢青深知自己现在拥有的机会来之不易，不珍惜不仅对不起所有关心她的人，同时也对不起前面自己付出的所有努力。她把语文课上老师讲过的一段古训当作自己的座右铭——"天将降大任于斯人也，必先苦其心志，劳其筋骨。"就这样，谢青每天早上五点多就起床到操场跑步，上完上午五节课，下午去游泳馆训练，晚上回来上晚自习，补习落下的功课。就是个铁人也有挺不住的时候，谢青的眼圈经常发黑，她太缺觉、太劳累了，但她在训练和学习不冲突的情况下从没少上过一节文化课和训练课，就连作业也没少交过一次。

　　就这样，谢青以超常的毅力承载着同龄人所难以承受的压力，把同龄人用来看动画片、玩电脑游戏、逗小宠物、跟父母撒娇耍赖的时间都用来学习和训练了。她咬紧牙关坚持着，再坚持着。在教练的指点下不断地纠正技术动作，终于闯过了一个又一个难关，成绩不断得到提高，渐渐从板凳队员成为队里的主力。十年里，谢青在国内外大型比赛中共获奖牌30枚；2005年获得了"北京市群众体育先进个人"荣誉称号；2006年在北京市政府召开的"学习贯彻胡锦涛总书记回信精神座谈会"上，谢青作为残疾学生代表发了言，汇报了近年来所取得的成绩，刘淇书记、王岐山市长亲切地与她合影留念。

在 2007 年 6 月昆明举行的全国第七届残运会上，谢青一举打破了由她自己保持的 S11 级 50 米自由泳世界纪录。当盲校师生在第一时间里接到谢青报来的喜讯时，校园沸腾了！师生们奔走相告，"太棒了！""谢青破世界记录了！""这孩子太不容易了！""唉，真是十年磨一剑啊！"学校定了大红横幅和鲜花，准备派师生代表到机场迎接载誉而归的谢青和其他运动员，遗憾的是谢青他们乘坐的飞机临时改点而错过了这一激动人心的场面。

不过，学校还是专门为从残奥会上凯旋的同学们举行了隆重的欢迎仪式，校领导向在残奥会上取得优异成绩的学生颁发了礼品，并号召全校师生向他们学习，学生代表也向他们献了鲜花。谢青手捧着用战胜无数困难换取来的奖状、奖章、鲜花，脸上洋溢着幸福快乐的笑容。

## 二、谢青具有永争第一的进取精神

"永不服输，争取第一"，这是所有运动员成功的秘诀之一，谢青也不例外。

在十年的成长过程中，谢青取得了一个又一个成绩，但她从不满足，不骄傲，不断给自己加码，树立更高的奋斗目标。她从第一次下水差点从救生圈里漏下去到登上世界冠军的领奖台，凭的就是这种永远争第一的精神。

先天的残疾，使她形成了不愿服输的倔强心理，无论学习、训练还是比赛，她都不甘人后。该拿的第一没拿到，她会气得哭鼻子，但她知道就算把眼泪哭成一条河，也推不动怨天尤人的小舟，唯有继续努力，不断总结经验，提高训练质量，才能与第一有缘。教练说的好，第一只有一个，运动员都在拼，有时就差那么一指尖儿，凭什么第一就该是你的啊？只有当你的成绩遥遥领先对手时，你才能霸道地说第一是我的，要想有资格说这句话，平时就得玩命练。

谢青为了心中的第一，平时确实练得很苦。在她这个级别里已经没有对手了，她就跟泳池里的正常运动员一起练。追上前面的人，是她每次训练的动力，也是她成绩不断提高的原因。

在学习上，谢青也从不服输。由于训练和比赛，她的学习难免会

落下进度，但她从不会用牺牲学习去换取比赛成绩，学习在她心中和游泳一样重要，她要上大学，现在做一个有文化的运动员，将来做个有文化的创业人。

每天训练结束后，她都会挤公交车回到学校上晚自习，找老师和同学帮自己补课，完成当天的各科作业。有时胳膊疼得拿不动书，握不住笔，她就用手支着胳膊，有一次居然累得晕倒在课堂上。有时训练晚了就住在姑姑家，早上五点多就得起身往学校赶。她就在头班车上边吃早点边背英语单词。外出比赛时她从不忘记带上教材和录音带，挤时间学习。谢青的事迹感动着身边的每一个老师和同学，大家都很乐意帮助她。在学校的关怀、老师同学们的帮助下，谢青的学习成绩始终能跟上班级进度。

在第七届残运会备战期间，谢青顺利地参加了北京联合大学特教学院盲人按摩专业的招生考试。在残运会最后一项比赛的前一天，谢青接到了姑姑"你被联大录取了"的电话，兴奋得无以言表，激动得居然"夸下海口"，"我要不把明天这项世界记录破了，就不上来，撞死在池里得了，哈哈……"

谢青果然如愿以偿。但比赛结束后，谢青反倒很快地就从打破世界纪录的激动中平静下来，她知道前面的路还很长，需要她战胜的困难和攀登的高峰还很多，无论取得过多么辉煌的成绩都已经成为了过去，唯有不骄不躁，继续用以往的吃苦耐劳的精神对待今后的学习和训练，才能取得更大的成绩。在她的心中已经有了一个更伟大的奋斗目标，那就是——参加 2008 年奥运会，再创辉煌！

## 三、谢青具有开朗向上的乐观性格

开朗乐观是心胸豁达的表现，是人际交往的基础，是学业、事业顺利的保证，也是避免挫折的法宝。只有乐观向上地看待社会、人生，才能站得高，看得远，采取适当的态度和行为反应，调控自我情绪，排除不良情绪，增加愉悦与自信。

每个与谢青初识的人都会被她开朗乐观的性格所感染，都会误以为这个笑口常开、笑声爽朗、谈吐有礼的小姑娘有着不错的家境，根本不能想象出她心里装着多少痛苦。

从小到大，谢青一直笑对人生，尽管十八年来她的每一天都很难，但她从来都是把不公平的命运强加给自己的苦全部化作了人生前进的动力。她积极参加游泳训练和校园生活，每次班级活动都少不了她的献计献策和忙碌筹备的身影。她身为班级卫生委员，对工作极其认真负责，对班里一些不良行为敢于直率地发表自己的见解。谢青在同学们心中享有很高的威信。

偶尔有不开心和情绪低落时，谢青绝不会一个人发闷，更不会钻牛角尖，她会跟老师、家长、教练、同学、好朋友倾诉苦恼，得到大家的理解、宽慰和鼓励，很快，她就会从不良情绪中解脱出来，又开心地有说有笑了。

一次训练休息时谢青去小卖部买东西，由于身体不适，差点虚脱在路上，几乎是挪着回到游泳馆的。教练误以为她贪玩，批评了她，谢青很委屈，但她知道教练是为自己好，对自己的前途负责，也就洒脱地不去分辩和计较，而是更认真地对待接下来的训练。

还有一次英语课上，谢青被老师叫起来读课文，由于前一段比赛落下了一些课程，所以谢青的发音不太准，课文也念得结结巴巴，有的同学忍不住发出"嗤嗤"的笑声，这让自尊心很强的谢青觉得很没面子，趴在课桌上哭了起来。英语老师笑着说，"哭什么呀，学英语跟你练游泳一样，没有捷径可走，只有多读多背，才能熟能生巧，将来你参加国际比赛，英语是必不可少的语言工具，学习世界先进的游泳技术，也离不开英语。别哭了，面子能值几两重？同学笑也没恶意，说不定被同学一笑，你反倒记住了那个单词和那段课文呢……"谢青破涕为笑，并没因此与笑她的同学结下芥蒂，而是和好如初。

谢青的乐观开朗，不仅感染着周围的师生，也感染着每一个与她结识的人。

## 四、谢青常怀感恩之心

感恩之心，是我们每个人生活中不可或缺的阳光雨露，无论你是

何等的尊贵，或是怎样的看似卑微，无论你生活在何地何处，或是你有着怎样特别的生活经历，只要你胸中常怀着一颗感恩的心，并懂得为他人付出，那么也必然会得到别人的尊重和信任。谢青就是这样一个非常知道感恩的孩子。

谢青从不把自己取得的成绩归为己有，"骄傲"二字在她身上毫无踪影。她在很多场合都反复强调，是全社会的关注使残疾人得到了越来越多的关爱和帮助；是学校的大力支持和创造的条件使自己拥有了难得的学习和训练环境；是教练的指点和鞭策使自己从一个丑小鸭变成了白天鹅；是老师和同学的无私帮助使自己感受到了大家庭的温暖……当然，她最想感谢的还是她的奶奶和姑姑，没有她们的收留和养育，就没有自己今天拥有的一切。

奶奶的恩情自不必说，那是谢青一生都报答不了的，有一个愿望在她心里埋藏了很久——将来一定买一所带花园的大房子，让奶奶在家里尽享天伦之乐。

谢青对姑姑的恩情也是铭记在心。当奶奶年纪大了，腿脚越来越不利落，不能再接送谢青学习和训练后，是姑姑把谢青接到了自己家，让她和自己的女儿住在一起。为了给谢青补身体，姑姑每周都要炖够吃一周的牛腱子肉连同配好的桂圆、枸杞、红枣让谢青带到学校。每次谢青外出比赛，姑姑都会和她保持电话联系，给她母亲般的关心和鼓励。为了增加家庭收入，给谢青创造更好的生活和学习条件，退休了的姑姑不顾年龄大和身体不好，又找了份工作，这让谢青心里有说不出的滋味。尽管她知道，自己获得的每一块金牌都是给亲人最好的礼物，但她每次从外地尤其是从国外比赛回来，都要给奶奶、姑姑、姐姐买份礼物，以表自己的感恩之心。

谢青对带了她十年的郭教练也充满了感激之情。郭教练严厉而不失慈祥，正因为她熟知谢青不幸的身世，所以才从不姑息谢青的缺点，她发誓一定要把这孩子培养成材！训练时谢青若达不到她要求的质量她就会狠狠批评，甚至罚加课。当谢青成绩不断提高，她就会及时给予鼓励。每次出去比赛，郭教练都会把谢青安排和自己住一间屋，跟她谈心，帮她调整心理状态，给她分析技术动作，提供竞争对手的翔实资料。这次残奥会 S11 级 50 米自由泳比赛前，郭教练跟谢青说：

"你最近的最好成绩已经很接近你自己保持的世界纪录了，你可以在预赛中拼一下，破了更好，如果破不了还有一次决赛机会，相信自己的实力，一个优秀运动员应该充满霸气，把自己当作唯一的竞争对手，不断超越自我，战胜自我。好好比吧，金牌属于你！新的世界纪录属于你！"

郭教练的话，让谢青心里充满了自信，使她有了一定要打破世界纪录的冲动。当谢青冲到终点，听到满耳都是"破了，破了"的呼喊声时，她恨不得跳上岸，抱住郭教练，大声说，"谢谢您！我一定再得块 08 奥运金牌送给您！"她知道，对郭教练十年指教之恩的最好回报就是破世界纪录、拿奥运金牌。

十年来，学校师生们对谢青的关爱她也铭记在心。班主任老师经常家访，通过和家长沟通，全面了解谢青的学习、训练、比赛情况；教研组老师主动为谢青补课；办公室老师总是及时帮谢青办理好出国比赛的手续，不让她为此耽误一点学习和训练；生活组老师主动到公交车站接训练回来晚了的谢青，把谢青带到学校的酱牛肉放冰箱里，每天早上切一片给她吃，见她不愿意麻烦老师而偷偷喝凉牛奶时，就主动帮她热了看她喝下去并批评以后再不许这样了；同学们有的帮谢青录音，有的帮谢青整理笔记，有的帮谢青打晚饭，有的帮谢青洗衣服……十年来，谢青取得的成绩越来越多，越来越大，但她从来没忘记对师生们的感谢，每次比赛回来都会带一些特产和纪念品分送给老师和同学，她觉得礼物虽小，却代表了她的感恩之心。

正因为谢青懂得"珍惜、知足、感恩"，懂得"滴水之恩当涌泉相报"，所以，她的生命里才充满了光彩，才让她的追求总显得那么动力十足。

当谢青站在学校举办的欢迎残奥会健儿凯旋的领奖台上，金灿灿的阳光把她的脸颊映照得绯红，此时，她想感谢的人太多了。她觉得，挂在自己脖子上的金牌虽然沉甸甸的，但远远比不上所有关心她成长的人们对她的期望来得殷切和厚重，她唯有用自己一次比一次更出色的成绩来回报他们。

采编：安秀

▲ 马巧云

祖国啊！请相信你双目失明的女儿吧！我要用一个残疾女儿对祖国母亲的赤诚，让国歌奏起，让国旗飘扬。

——马巧云

## 让五星红旗高高飘扬
### ——记我国著名盲人女运动员马巧云

马巧云于 1983 年（9 岁）被选入校运动队，自 1987 年至 2000 年参加全国残疾人运动会、全国残疾人锦标赛共七届，获得金牌 21 枚，银牌 11 枚，铜牌 8 枚。1989 年至 2000 年共参加了四届国际性大赛，获得金牌 7 枚，银牌 3 枚，铜牌 2 枚。参加了 1991 年在美国波士顿举办的健全人世界马拉松赛，取得了优异的成绩。2000 年 10 月退队，运动生涯 17 年。

马巧云于 1996 年毕业于北京市盲人学校，中医推拿专科。1996 年至 1997 年在北京市盲人按摩医院进修中医推拿。1999 年至 2000 年在东直门中医医院进修。2000 年 10 月马巧云退队后，自谋职业，在朝阳区开办"北京远南之星盲人保健按摩中心"，同时也为 8 名盲人提供了就业机会。一年后，马巧云带领中心的盲人技师参加了朝阳区按摩职业技能大赛，获得了团体一等奖。2002 年获得了北京市团体一等奖，同年参加了全国首届保健按摩职业技能邀请赛，获得全国团体二等奖，个人三等奖的优异成绩。

在按摩中心经营的 8 年中，共接待国内外友人 9 万多人次。《中国日报》、《北京晚报》、《北京青年报》、《京华时报》、《中国妇女报》、中央电视台数字频道、北京电视台（"北京你早"栏目）、中央广播电台（"午间一小时"）、北京交通台等多家媒体皆做了报道和专访。在 2003 年，她被朝阳区妇联授予"三八红旗手"称号，同年被评为全国自强模范。2006 年被中国妇联授予"全国三八红旗手"。

## 折翅的小鹰也要飞

这是 1988 年汉城奥运会的激战前夜。一个即将出征汉城的盲人体育健儿、准备为国家的荣誉奋勇拼搏的 14 岁的盲女马巧云，就因为自己的视力不好，在一次意外事故中摔断了左腿，正在北京一家医院的骨科病床上接受治疗。

她终于从昏迷中醒来了。这是哪儿？怎么到处都是白的？床是白的，墙壁是白的，连身边过来过去的人穿的衣服都是白的。房间里飘着一股淡淡的米苏水味儿。她有了要小便的感觉，想一下子爬起来，但动了几下都没爬起来，妈妈用手轻轻按在她的身上。这回她模模糊糊恢复了记忆，原来这里是医院。她急切地问身边的妈妈，自己的伤势重不重？腿还能动吗？她又一次想坐起来，她要掀起被子，亲眼看一看自己的腿到底怎么样了，但又一次被妈妈的手轻轻地按下了。这时她感觉一滴水落在自己脸上，才意识到妈妈流泪了。她猜测自己的伤势可能不轻。为了不让妈妈伤心，她用顽强的毅力控制着感情，连嘴唇都咬破了，就是没有让泪水流出来。只有在夜深人静时，她才敢释放自己的感情，但也不能影响同病房病友的休息，只能让泪水默默地流淌。离出征汉城奥运会还有一个多月的时间了，她心里能不急吗？本来自己的眼睛就不好，如今又摔成这个样子，连活动一下都很困难了，将来又怎么办呀！14 岁的女孩儿毕竟懂事了，当她得知自己右腿摔成四度粉碎性骨折时，感到了彻底的绝望，脑海里一片迷茫。正在这时，体委领导来了，老师们来了。大家的安慰与鼓励，在她身上起了作用。她回忆起自己上三年级时，被选入盲校运动队以来，这几年不平凡的经历。

三年级时，这个患先天性白内障的小姑娘被选进盲校运动队，体育老师（高贵新）惊喜地发现，这个小姑娘一点也不娇气，训练起来

非常刻苦，仅仅用了两年时间，相继参加了北京残疾人运动会和第三届全国残疾人运动会。第一次参加全国残运会的比赛，她就取得了400米跑的第一名、跳远第二名的骄人成绩。这位盲女孩儿的优异成绩，立刻引起了北京市体委的注意。体委的工作人员认为，这女孩儿尽管年龄小，但训练起来那么刻苦，很有可能出成绩，就把她和著名盲人运动员平亚利一起，选入了国家队。她将代表全国几千万残疾人出征汉城奥运会，内心的激动可想而知。但这位14岁盲女孩儿的内心十分清楚，比赛当然要出好成绩，可文化课的学习也不能耽误。她每天中午第三节课后来不及吃饭，就步行半个小时再换乘两次公共汽车，从西八里庄赶到永定门外先农坛体育场进行训练。训练结束已接近六点钟，又换乘两次车回到海淀区明光村家中，复习当天的课程，完成当天的作业。

尤其让她感到困难和危险的是冬天，训练还没有结束天就黑了，路上除了要换乘两次车外，还要横穿好几条马路。她总是等别人过马路时，赶紧跟在人家身边一块过。记得有一次，人家能看见车，抢先一步跑了过去，吓得她站在那里一点也不敢动。随之而来的是急刹车，一辆公共汽车几乎是在她身边停下了，真的让她出了一身冷汗。司机从驾驶室里伸出头来骂了一声："你瞎了！找死呀！"夜幕遮住了别人的眼睛，她让泪水在脸上、心里无声地流淌。为了不让父母为女儿担心，这样的事她回去从来不告诉他们。这样的事一旦让他们知道了，他们如果阻止她训练那就更糟了。她只能让泪水默默地往肚里流，而总是把灿烂的微笑呈现在父母面前。

她不能让体委的领导失望，不能让老师们付出的心血付之东流。既然下不了床，就在床上补文化课，就在床上练上肢力量。45天后刚刚拆完石膏，在她的一再要求下，医生勉强同意她出院。一心想着恢复体能，投入训练的她，架着双拐就奔向了盲校。在体育老师们的科学指导和严格要求下，经过几个月疼痛伴着汗水的训练，她右腿的功能终于恢复到原来的水平上。当她甩掉双拐第一次走进运动场，自由地舒展灵活的下肢时，她流下了激动的热泪，暗暗下定决心："我没能赶上这次奥运会，下一次一定要付出双倍的努力和拼搏。"她在日记中深情地写道："祖国啊！请相信你双目失明的女儿吧！我要用一个残疾女儿对祖国母亲的赤诚，让国歌奏起，让国旗飘扬。"

## 连续 3 天的严峻考验

1989 年 9 月，日本，第五届远南运动会赛场。

对于 15 岁的盲姑娘马巧云来说，这偌大的赛场犹如一个巨大的考场。她要在这短短的时间里，一连参加 8 个项目的比赛。在日本的每一天，每一场比赛，对她来说都是严峻的考验。

马巧云怎么也没有想到，第一天的比赛就让她那么窝心。第一天她参加的项目是跳远。对于盲人运动员来说，起跑线上都有自己设置的标记，她的标记就是自己的运动鞋，她将运动鞋放在了距离起跑线 29.30 米的地方。谁也不知道怎么搞的，她的运动鞋被别人挪了 1 米多。结果 4 次试跳都犯规，没有成绩。幸好这一情况被细心的赵新民教练发现了，重新把这运动鞋放在了应放的位置。她重新调整情绪后准备最后一搏。气愤，紧张，缺乏实战经验，再加上技术变形，结果她的成绩和第一名仅差了 3 公分。回到宾馆，她大哭了一场。那一夜，她几乎彻夜未眠，脑海里只有那可恨的 3 公分，这 3 公分使她和冠军失之交臂。

第一天的考验是愤怒和泪水，第二天的考验是大雨。第二天的一大早就下起雨来，马巧云和其他运动员只有在雨中做着赛前的准备。也许是老天爷有意出难题，有意要考验一下我们这位盲姑娘的意志，正当马巧云走上赛场的那一刻，雨突然大了。密集的雨点织成了一张网，她本来就那点微弱的视力，这回索性一点都看不见了。她不顾一切地在雨中跑着，仿佛把这几年的力量都凝聚在一起了。直到终点止步的锣声响了，她才从拼命奔跑中停了下来，获得了 400 米的第一名。当她登上那座高仅 80 公分的领奖台时，她那微弱的视力根本穿不透雨的帷幕，只有《义勇军进行曲》那刚劲的音符，在她的心中激起了朵朵浪花。

第三天的考验，对她来说的确太残酷了。也许是在前一天受了雨淋着了凉，大早晨起来就发烧 38℃多。这一天她将面临 6 场比赛。她头脑昏昏沉沉的，身上软绵绵的，一点力气都没有了。面对当前的这 6 场比赛，她根本不能退缩，只有勇往直前。随队采访的记者曾问她，带病坚持比赛你想到什么，她如实地告诉记者，大赛之前谁的脑海里也不会想那么多，但也不可能一点不想。她想的只是奏国歌，升国旗，

别的根本没时间想。不断升温的高烧，确实在一定程度上影响了她的成绩。从早晨6点40分坐头班车来到赛场，她连中午饭都没吃，一整天都是在紧张、激烈的比赛中度过的。直到下午16点50分，最后一个项目，她的长项800米跑就要开始了。站在那儿一边喘着粗气，一边擦汗的她，定了定神，心里打定了主意。只要还能爬起来，只要还有一口气，就要咬牙跑下去。为了祖国的荣誉，拼了！《义勇军进行曲》的音符，鼓舞着她浑身上下的每一个细胞。祖国这个并不轻松的字眼，国歌那雄伟激越的旋律，竟有如此巨大的力量。在800米长的跑道上，她又一次将其他国家的运动员远远地甩在了后面。当国歌再一次奏响的时候，这位年仅15岁的盲姑娘告诫自己："让一切重新开始。"

## "走，我们到居民中去"

2000年的五一节眼看就要来到了，"远南之星"盲人按摩服务中心的10名盲人大夫们，一个个愁眉苦脸。他们焦急地围坐在刚刚走马上任几个月的马巧云经理身边，大家你一言我一语地发表着自己的看法，诉说着自己的担忧。有的人性子急，忍不住问他们的女当家："这个月都过去十八九天了，可我们店里就来了七八位客人，你看怎么办呀？""这么无休止的坐下去总不是办法，快拿个主意吧！""我们这个店还有希望吗？我都有点失去信心了。""我就干到这个月末，下个月我坚决不干了，店里来不了客人，你光保证给我们开工资，可你拿什么给我们开呀？"面对着她的员工，10位盲人大夫们的忧心忡忡，上任不久的经理马巧云显得十分镇静，她面带笑容，静静地听着大家的议论和抱怨，就好像什么事都没有发生过一样，就好像这个按摩服务中心不是她投资十几万创办起来的一样，就好像大家伙谈论的是别人家的事。

一个如日中天的残疾人运动员，怎么又搞起按摩服务中心了呢？这话还得从四五年前说起。

运动员的运动生涯不是无极限的，这一点马巧云十分清楚。将来随着年龄的增长，家庭的建立等一系列实际问题的出现，自己跑不动跳不动了怎么办？总不能永远躺在远南运动会冠军的功劳簿上睡大觉吧！经过认认真真地反复思考，她还是决定利用在北京盲校所学的一技之长进行创业。如今的盲人就业十分困难，自己如果创办一家专门安置盲人就业的企业，不是能安置一些盲人朋友就业吗？既然已经选定了目标，她说干就干。从最初的选址，到后来的请施工队，到再后来的购买建筑材料、内外装修，她都事必躬亲。等位于新源里的按摩服务中心初具规模，她自筹的十几万元钱已经花进去了，这其中的90%是贷款。其实她的心里像着了火，这些投资均要她自己偿还呀！她能不着急吗？但作为大家的主心骨，她的心一点都不能慌。她掷地有声地对大家说："我完全相信大家，也请大家相信我。我们一定能战胜眼前暂时的困难。为了让居民认识我们，了解我们，我们到孤寡老人中去，到残疾人中去，到烈、军属中去，到所有需要服务的人群中去。给他们提供免费服务，让他们真正认识我们。"马巧云这一招真灵，义务服务给中心引来了源源不断的客人。在短短两年时间里，远南之星盲人按摩服务中心发展成拥有4家分店的连锁企业，先后安置140多位盲人就业。

随着新闻媒体的不断报道，远南之星的名气也越来越大，慕名而来的盲人按摩师也越来越多。黑龙江省20岁的盲人男青年小刚，来到远南之星后已经身无分文。马巧云热情地接待了他，决定对他包吃包住包业务培训。他在远南之星一住就是半年，回到家乡黑龙江后，也照着马巧云的样子，开起了自己的按摩店，如今也成了小老板，据说还被评上了当地的自强模范。

江南水乡的姑娘小燕，专门来京找马巧云拜师学艺。马巧云收留了身无分文的她。她在北京生活了8个多月，直到学会手艺才恋恋不舍地离去。后来她在深圳红红火火地办起了自己的保健按摩服务中心，后来到国外发展挣了大钱。她在写给马巧云的信中感激地说："如果当初没有您的无私帮助和耐心指导，就没有我的今天。如今我发了点小财，我也要像您一样，自己富了不忘仍然贫困的残疾朋友。我打算回家乡投资，多办上几所盲人按摩院，多安置点家乡的盲人朋友就业。让他们也和我一样，走向自食其力的道路。"

## 只要我的报告能感动一个人

那是 2001 年的国际盲人节，一场题为"身残帮心残，盲眼扶明眼"的残疾人先进事迹报告会，在北京第二监狱大礼堂举行。几位盲人先进人物的讲述，在在押的服刑人员的心灵深处引起了强烈的反响。马巧云结合自身经历的即席讲述，被一次又一次热烈的掌声打断。一位因杀人被判死缓的服刑人员，当听到马巧云和健全人一起，参加了在美国波士顿举办的马拉松比赛，腋下、大腿根、脚底板都磨出了血泡，咬着牙坚持跑完全程时，这位曾举刀向别人砍去的服刑人员失声痛哭。他会后向管教干部表示："人家一位盲人女性，都做出了这么大的成绩，我一个身强力壮的男子汉，再不加速改造，甭说别人，连自己都对不起了。"

马巧云和她的盲人朋友们，来到了位于顺义县赵金营乡的犯罪分子回归儿童示范村，参加由朝阳区盲人协会组织的另一次社会公益活动。她给孩子们也做了一场报告，她讲得故事真生动，听得孩子们的眼睛里饱含泪水。一个叫小兰的初二女孩，在去北京女子监狱看望母亲时，把马阿姨的故事讲给母亲听，没想到讲得母女俩一起落泪。母女俩说好了，一个努力学习，一个加速改造。当母亲和女儿相会在灿烂的阳光下时，她们表示都要向马巧云学习，做一个对社会有用的人。

这几年，马巧云没少给社会单位做报告，也没少向灾区、特困户捐款，更没少到特困居民家中进行义务服务。说起她热心公益事业时，马巧云快人快语："只要我的报告能感动一个人，我的付出就值得。只要我的帮助能使一个人感到温暖，我就感觉这一天的日子没有白过。

这，就是一个盲人女运动员的情怀。

采编：黄智鹏

▲ 高元元

拼搏是人生最难得的精神财富

——高元元

## 路漫漫其修远兮
### ——高元元，拼搏的脚步永不停息

　　高元元在校学习期间，就是一名品学兼优的好学生，她连年被评为三好生和优秀班干部，她的奖状被父亲贴在墙上，竟占据了几乎满满的一面墙壁。她多次代表学校到各个明眼中小学校做报告，她的刻苦学习、不断拼搏的精神，鼓舞了许多中小学生，成为他们学习的榜样和动力，为学校赢得了极大的荣誉。

　　1982年她被分配到北京市橡胶五金厂当工人。他在工作中尽职尽责，表现突出。1983年，高元元听说中国伤残人体育协会成立，并得知今后我国也要派队参加世界伤残人体育比赛时，心情格外激动，毅然选定游泳项目，立志要为祖国争光。她的想法，得到工厂领导和工人师傅们的理解和支持，他们说："你去拼一拼吧，你要为我们中国盲人争口气，你的那份工作，由我们替你完成！"从那时起，高元元每天到陶然亭游泳池练习游泳。盲人游泳全凭感觉，因视觉障碍，方向很不好掌握。于是，手臂被水线擦破，头部撞在池边就是家常便饭了。但这些困难丝毫也未能动摇她的决心。高元元刻苦拼搏的精神，深深地感动了教练，他更加耐心地指导她的每一个动作。在短短的几个月之内，她终于完成了自由泳、蛙泳、蝶泳和仰泳的全面训练。

在北京市盲人学校校庆之际，高元元将多年来个人拼搏的经历记录下来，她说希望她的事迹能够激励更多的视力残疾孩子奋发向上

## 一、人生——拼搏精神最难得

1989 年参加完在日本神户举行的第五届远南残疾人运动会获得四枚游泳银牌时，我已经 31 周岁了。这早已超过退役的年纪。我迟迟不愿离开赛场也许是出于对体育事业的热爱，也许是在残疾人赛场上我还未能获得金牌，总之，我开始为参加 1992 年第三届全国残疾人运动会和第六届远南残疾人运动会的初选赛做准备，又一次投入了艰苦的训练。

当时的全国残疾人体育水平已经相当高了。年龄偏大，多年来超负荷训练造成的多处伤痛，都是我夺金路上看得见的阻力。但我依然希望能在 1994 年在北京举行的第六届远南残疾人运动会赛场上一圆我的金牌梦。已故著名演员金乃千说过："人生难得几回搏，搏他一回没白活。"勤劳勇敢是中华民族的美德，顽强拼搏是中华民族的精神。

就在我训练最艰难最痛苦的时候，母亲因患肺癌住进了医院。

我白天训练，晚上到医院陪伴妈妈。即便病重期间，妈妈也不忘每天询问我训练的情况。

因为眼睛残疾的缘故，我们姐弟三个父母格外疼爱我。在我这个残疾人身上，妈妈付出了多少辛苦，恐怕她自己都说不清楚。1984年，我被选入中国残疾人体育代表团代表祖国去参加第七届世界残奥会（这是我国第一次参加世界残疾人体育比赛），赛前在工人体育场封闭训练。出征的前一天晚上，妈妈到工体陪我到很晚，结果错过了末班车，一路走到家里已经是夜里 12 点了。

不久后，妈妈去世了。在她去世的头天晚上，我一直守在她身边。她虽然说不出话来，但始终紧握着我的手，好像是有千言万语要对我说。第二天凌晨，妈妈停止了呼吸。那场面使我饱尝了人世间生死离别的最大痛苦，很长一段时间我都无法振作。直到在一场游泳比赛中我偶然认识了北京市海淀区游泳体校的教练师晓朗。师教练人很好，对残疾人非常关心和理解。巧的是，残联安排她担任了我们北京市残疾人游泳队的教练。

在师教练的严格执教下，我的运动成绩有了突飞猛进的增长。虽然我们背地里都管她叫"魔鬼教练"，但对我们生活上关心备至的，也正是这位"魔鬼教练"。有一次我腿上长了个疖子，游泳进水，伤口感染了，只能停止训练在家治疗。师教练每天结束训练后都来我家帮我换药，没过多久伤口痊愈，我又投入到紧张的训练中去。

训练过程中，每个运动员都要克服残疾给我们带来的种种不便和困难，才能完成教练制定的训练计划。我们凭着顽强拼搏的精神，克服了常人难以想象的困难。为了提高比赛成绩，我每天苦练"滚翻转身"这个盲人很难掌握的游泳技术，经常是头被池边碰肿，脚被水线刮破。每天结束训练后，我还要一个人练上十几遍，甚至几十遍。就这样，一遍又一遍，一天又一天，我终于熟练地掌握了这项技术并应用到了比赛当中。在 1992 年的广州第三届全国残运会上，盲人运动员中只有我一人采用了滚翻转身技术，在 400 米自由泳比赛中获得了第一名。我刚从池中上来，教练和当时的北京体委主任张立华都激动地向我祝贺，教练对我说："每个转身大家都报以热烈的掌声，你的400 米自由泳有七次转身，大家就鼓了七次掌。"

1994 年春天，我再次被选入中国残疾人体育代表团，准备参加当年 9 月在北京举行的第六届远南残疾人运动会。6 月 4 日至 9 月，我们在湖南长沙进行了 80 多天的强化训练。

那段日子我们每天的运动量是 8000 至 10000 米，强度最大时，要达到 12000 至 15000 米。对我这个 36 岁的残疾运动员来说，要完成这么大的运动量同时要达到教练所要求的质量谈何容易。为了增强腿部力量，教练要求我每天都要带上脚蹼练自由泳打腿，由于脚蹼的号码不合适，我的脚被磨破感染了。我觉得这点小伤算不了啥，更舍不得浪费哪怕一秒的宝贵时间，就自己悄悄去看了病抹了药，瞒着教练把医生开的假条藏了起来，继续坚持训练。没想到伤口竟化脓感染了，我还发起了高烧。教练强行停止了我的水下训练，可我怎么也躺不住，就在陆上做模仿练习。伤口刚长好一些，我不顾教练的反对，下水和大家一起训练了。那段日子我的体重由 56 公斤降到不足 50 公斤。

除了训练强度大，生活上也遇到了很多困难。湖南菜里的辣椒和

又热又闷的天气，令队里像我这样的北方队员很不适应。在这种情况下，我强迫自己不习惯也要努力去克服。每到深夜时分，总能听见那些截肢队员发出痛苦的呻吟，相比起来我们这些视力残疾的人要好得多。为了帮队员们解除一些疲劳和痛苦，我放弃午睡，凭着在学校按摩班学到的按摩技术替大家按摩放松。

就这样，我们不畏艰难，顽强拼搏，互相鼓舞，彼此激励。一想起自己在十几年的体育生涯中还未能实现金牌零的突破，一想到我为祖国赢得金牌，五星红旗将会冉冉升起，《义勇军进行曲》响彻整个游泳赛场，我要在国际比赛中夺金的信念就更加坚定。

1994 年 8 月 28 日晚 8 点，长沙火车站礼炮齐鸣，我们中国残疾人游泳队在长沙市人民的热烈欢送下，离开了训练基地，长沙市领导为我们举行了简短的欢送仪式，我们便登上了北去的列车，即将奔赴北京参加 9 月举行的第六届远南残疾人运动会。说一声再见，道一个祝福，带着祖国人民对我们的殷切期盼，列车缓缓地驶出长沙火车站，我们的心情也久久不能平静。经过了 20 多个小时的旅途奔波，29 日晚 8 时，我们的列车驶进了北京站。列车还未停稳，就被一片欢乐的海洋淹没了。原来北京市政府、党政军机关的欢迎队伍早已在这里等候我们了，当我们一个个被搀扶着走下列车时，迎接我们的是鲜花和掌声。

我隐约听到有个熟悉的声音在叫我，仔细辨认，原来是弟弟和弟妹。他们头天从报纸上得知我们中国残疾人游泳队今晚抵达北京，下了班专门赶来迎接我们。久违的亲人在此见面，我们的心情都非常激动。平日里，我和弟妹相关系很好，我去长沙训练的那些日子里，她给我来过两封信，询问我在那里训练和生活的情况，因为那时通讯工具还不像现在这么方便，但我们始终保持着紧密的联系。

回到北京的第二天上午，我们全体中国残疾人体育代表团的成员受到了江泽民、李鹏等国家领导人的接见，使我们更加感到党和政府都在关注着我们，祖国人民在等待着我们的胜利消息。来到运动员村，我们是第一个举行升旗仪式的国家，而后，我们就投入了紧张的赛前训练，以饱满的精神等待着大赛的来临。

9 月 4 日，第六届远南残疾人运动会在北京工人体育场胜利开幕，那天晚上是我一生中最值得回忆的日子。晚 8 点，运动员开始入场。因为我国是东道主，所以最后一个入场。当熟悉而亲切的歌唱祖国的乐曲奏响时，我已经难以抑制期盼的心情，恨不得一步跨进体育场内。当我被工作人员搀扶着走进体育场时，我本想用我那不足 0.03 的视力看一下那激动的场面，但那一刻我什么也看不见了，只觉得五星红旗铺天盖地地在我眼前飞舞，耳边除了欢呼声什么也听不见。祖国人民对我们这些残疾人是那样的热情，使我们每一位队员都信心百倍，决心要在比赛中以最优异的成绩回报祖国和人民。

9 月 6 日上午，我参加了 400 米自由泳和 200 米混合泳的比赛。400 米自由泳是我的强项，结果由于求胜心切没按照教练赛前制定的计划去游，前 200 米冲得太快，导致了后半程体力不支。第一炮未能打响，给我接下来的比赛蒙上了一层阴影。但我还是在最短的时间内调整好心态，控制住情绪，来完成好下一项 200 米混合泳的比赛。我认为一个好运动员不光是能享受胜利的喜悦，更要能承受失败的痛苦。正是因为有了良好的心态，在接下来的比赛中，我一场比一场赛得精彩，先是获得了盲人女子 B2 级 200 米混合泳的铜牌，后来又获得了 100 米蝶泳和 100 米仰泳的银牌。

9 月 12 日是游泳比赛的最后一天。我在全场观众的呐喊助威声中，在 200 米仰泳比赛中，经过顽强拼搏，终于赢得了这枚宝贵的金牌，从而也实现了我一生中最大的心愿。当沉甸甸的金牌挂在我胸前时，当我隐约看见五星红旗在赛场上冉冉升起时，当雄壮的《义勇军进行曲》在英东游泳馆内奏响时，我难以抑制自己激动的心情，我难以控制思绪的飞扬。那一刻，祖国在我心中是那样神圣，"祖国母亲"四个字在我心中是那样温暖。多年来的梦想终于在今天实现了，而今后我将更加热烈地拥抱生活和未来……

从 1984 年我国第一次参加在美国纽约举行的第七届残奥会，到 2004 年的第十二届雅典残奥会，这 20 年来，我国的残疾人体育水平经过几代运动员的顽强拼搏，已经在世界残奥会赛场上树立起了一座座精神的丰碑，真可谓"日出江花红胜火，春来江水绿如蓝"。如今，我们残疾人也有了施展才华的机会，能和健全人一样同在一个蓝天下，奏响同一首生命交响曲。第十三届世界残奥会即将于 2008 的金秋在我

国北京胜利召开。我和全国的残疾人为盛会的到来而振奋，我虽然不能再代表中国队参加比赛，但我要尽自己的力量，为这次残奥会作出贡献，我衷心地祝愿中国残疾人体育健儿们继续发扬顽强拼搏的精神，为祖国赢得更大的荣誉。

金牌诚可贵，
精神价更高；
为了事业苦，
笑容挂眉梢。

北京奥运会及残奥会正一天天向我们走来，让我们张开双臂，热烈地拥抱这个伟大而又神圣的日子吧！

## 二、献出寸草心，赢得三春晖

退役后经人介绍，我来到了国家外汇管理局，被聘为医务室按摩大夫，用自己熟练的按摩技能为病人解除痛苦。

在机关工作的那些年，我熟练的按摩技能和热情的工作态度赢得了大家的认可，我自强自立自尊的性格和精神赢得了大家的尊重，我的热爱生活、乐观向上的精神赢得了大家的赞扬。同时我还学到了不少金融知识。我不过是为大家做了一点儿残疾人所能做到的事情，献出了一点寸草之心，就赢得了大家对我一个残疾人的三春晖，使我更加认识到人活在世上的价值。2000年，在局里同志们的帮助下我通过了高级按摩师的考试，成为北京市第一批高级盲人按摩师。

和大家一样，我积极参加外管局组织的各项活动。2001年5月，我代表外管局参加了人民银行第三届田径运动会，入场式时外管局派了两位女同事搀扶着我一起入场，我们走到主席台前一起放飞手中的信鸽时，全场爆发出热烈的欢呼声。我也和大家一样，尽情地享受着人间的快乐和幸福。在这次比赛中，我经过顽强拼搏获得了女子中年组200米跑银牌，为外管局赢得了荣誉。2003年我又一次代表外管局参加了人民银行组织的跳绳比赛，并获得了第三名。我还参加了局里的合唱团，在春节联欢晚会以及外管局的重大活动中，我们的合唱演出都受到了大家的欢迎。

鲁迅先生曾经说过："人活着就要有一点精神，这精神是奋发向上的动力。"对于我们残疾人来说，正是身残志坚的奋进精神，催促我们百折不挠，勇往直前。

如今我在自己居住的小区里开了一个"元元盲人按摩店"，继续凭自己熟练的按摩技能为居住小区的业主们服务。许多人不但成了我的老客户，而且还成了我的好朋友，对我都格外关心。我的按摩事业开展得红红火火。除了按摩，我每天早晨都坚持游泳或跑步，从不间断。还抽时间和泳友们去歌厅唱歌，到商场买我喜欢的服装，我不但用自己的双手为别人解除痛苦，也为自己创造了财富，使自己的生活过得非常美好。我认为，一个人不但要努力的工作和学习，还要有快乐和情感。

就在我享受美好生活的时候，惊闻我国四川省汶川县发生了 8.0 级大地震，刹那间房屋倒塌、道路摧毁，多少鲜活的生命被埋在废墟下。当我从电视里听到这突如其来的噩耗时，我的心和全国人民一样时刻都牵挂着灾区的骨肉同胞。在那些日子里，我吃不下饭睡不好觉。当我听说社区组织为灾区募捐的消息，我就请来找我按摩的客人带着我到居委会去捐款。那天我们冒着小雨，一步一滑地来到募捐地点，当我把钱捐出时，我的心里才有了一丝安慰。我衷心的为灾区人民祈祷，愿他们能早日摆脱悲伤的阴影，重新建设自己的家园。

## 三、母校情

自从毕业离开亲爱的母校，也有 28 个年头了，这期间我回去过两次，看到学校发展得很快，我从心里为之高兴，我也经常回忆起学生时代的那段日子，老师们那熟悉而亲切的声音，经常在我耳畔回响。那时候我们和老师都生活在一起，只有星期六下午我们才能回家，和老师在一起的时间要比和父母在一起的时间长，所以师生之间的感情很深厚，同学之间的友情更是亲如兄弟姐妹。我们上学时学习条件和居住条件要比现在差得多，那时校园非常大，共有 83 亩地，我们打开水要穿过食堂，走很长一段路。校园里有老师们种的果园、菜地，有

蓖麻、黑枣树、核桃树，到了秋天，学校就组织我们摘蓖麻。那时候，因为我们国家电力不足，到了夏天经常停电，学校有一辆铁皮制的小水车，各班抽调一些有残余视力的同学，帮助一起到附近的工厂去拉水。到了冬天学校都要生炉子，白天教室生火，晚上宿舍生火，四点以后教室的火就熄灭了。到了三九天，吃过晚饭，我们在教室里复习时，冻得手都摸不出盲字，我们就用嘴里的热气把手哈一哈，继续摸书。虽然条件很差，但我们的学习气氛很浓，同学们生活得都很愉快。我们每个课间快要上课时，学校各班都要唱一首歌，歌声此起彼伏，刹那间，学校变成了歌的海洋。学校还经常组织歌咏比赛，每到那时，我就拉着自己的手风琴，为全校各班伴奏。每年春天，学校都要举行一次很隆重的春季运动会，到了那天，学校里彩旗飘扬，入场式一开始，校园里比过节还要热闹。我和一位男同学在鼓号队里打大鼓，由于我们视力残疾，不可能有指挥，所以我们这两面大鼓就是全队的指挥，那壮观的场面，至今还给我留下深刻的记忆。比赛项目一开始，同学们就奋力拼争，那种永不服输的精神真是令人敬佩。

在学校里，我先是担任少先队大队长，而后在老师们的培养教育下，我不满15岁就加入了共青团，曾先后担任团总支副书记、学生会主席等职务，使我后来走向社会，具备了分析问题和解决问题的能力。亲爱的母校，尊敬的老师，是你们把我从一个不懂事的盲童培养成具有中专水平、身残志不残、对社会有用的人。我现在就是利用在学校学习的按摩技能，为社会做着贡献，为自己创造着财富，是你们的辛勤培养和教育，使我懂得了许许多多做人的道理。在我离开母校的这几十年里，在这漫长的人生道路上，每当我在工作和生活中遇到坎坷和挫折时，我总会想起师长们的谆谆教诲，放平心态，面对现实，努力去克服一个个困难；每当我迎来胜利和喜悦时，我也能够不忘乎所以，而是继续努力，创造更大的成绩。我多想再回到那童年时代，在母校的怀抱中，享受着那无忧无虑的生活和快乐，享受着师长们亲切的呵护和教诲，享受着同学之间的友爱和深情。每当我回忆起学生时代的那些日子，就仿佛是昨天一样。真可谓——漫漫人生路，弹指一挥间。

值此母校"北京市盲人学校"校庆之际，我将这些年来我的个人经历记录于此，愿这所有一百多年悠久历史的盲人学府能够培养和造就出更多的优秀人才，去创造中华民族更加美好的未来。

采编：黄智鹏

# 二、世上无难事，只怕有心人

阳光、色彩和世间万物在一个盲人的心目中比在任何一个健全人的心中都更加绚丽。

——陈燕

▲ 陈　燕

### 耳边的世界无限宽广
#### ——记中国第一位女盲人钢琴调律师陈燕

　　1973 年的 10 月 1 日，在河北容城的某家医院响起了一阵响亮的哭声，一个小女孩来到了这个世界。不幸的是，这个女孩很快被检查得出患有先天性白内障双目失明症。刚刚来到这个世界的小女孩本已迫不及待地想要认识这个多姿多彩的世界，但视力的丧失，却成了她人生的第一道坎坷。紧接着，第二道坎坷也来了，她被父母抛弃了。幸好，还有姥姥。年迈的姥姥把她捡回来并且接到北京一起生活，承担了抚养她的重任。

　　7 岁了，该上学了，可是很多学校都没有办法去接受这么一个双目失明的孩子。但她和姥姥都没有气馁，在同龄的孩子上小学的这段时间，她努力地寻找着求学的道路，终于在 13 岁的时候走进了北京市盲人学校的大门，就读三年级。入学前，她只学过一些汉字，连考试都不知道是怎么回事，所以这一学期，她学得很吃力。但此时的陈燕，已不再是一个柔弱无助的盲孩子，求学道路上积攒起来的坚强、乐观、勇敢、不服输在此时支撑着她努力地追赶，从第一次考试的 48 分到期末的 98 分、100 分，从一个什么都不懂的插班生到期末的三好生，到第二学期的学习委员，她走过了一段常人难以想象的艰难道路。在老师的帮助下，凭着这股毅力，她用五年的时间读完了九年义务教育的所有课程。

此外，小时候姥姥让她学二胡时打下的音乐基础使老师慢慢发现了她的音乐才华。学习之余，陈燕还先后学习了钢琴、架子鼓和古筝，经常组织班里的文艺活动，还多次在全校文艺会演中当主持人，参加国内外的各种比赛和演出，并且取得优异的成绩，这些都为她以后专业的选择奠定了基础。

临近毕业的时候，本来以为只能学按摩的陈燕听到一个好消息：中国残联要为盲人开辟一条新的就业道路，那就是把在欧美已经有100 多年历史的盲人钢琴调律引进中国。在李任炜老师的启发下，陈燕悟出：无论学什么，做什么，都必须比别人技术好，才能被社会承认。为此，陈燕经过一番努力，终于考入了钢琴调律专业，做了中国盲人钢琴调律的第一批学生。

开学的第一个星期，陈燕就意识到学调琴并不是原先想象的那样容易，甚至还有些后悔，想着还不如学中医按摩，因为人只有 206 块骨头和 600 多个穴位，但调琴却有 8000 多个零件去熟悉，还要会修。修琴的基础课是工艺课，要学习把一块木头用刨子刨平，用钻子在木头上打眼，把螺丝拧进木头里，把钉子垂直钉进木头里还不能歪。这样，弄得在上工艺课后她的手上经常会布满大大小小的伤口。这样，她真有点不想学了。有时候，还会调皮地和同学们在课堂上弄点恶作剧。当时教她们课的是李任炜老师。李老师也是一位盲人，发现她的恶作剧之后并没有批评她，而是给她和同学们讲了自己学调琴的经历，是如何克服社会偏见、自身缺陷等各种困难，才证明了盲人也可以学调琴，才有了今天的钢琴调律专业。陈燕懂得了：一个盲人不是想学什么都能顺利地学会，而是要珍惜机会，比别人要更多地付出。

在以后的三年里，陈燕再也没有畏惧过任何困难，学做琴键，学换弦，学弦码开胶，学后背架开胶，学三角琴维修……在李老师的严

格要求和自己的努力下，陈燕闯过了许许多多的难关，尽管泪水不止一次地滑落，但凭着坚定的信念，陈燕坚持了两年，也掌握了所有的技术。在之后一年的实习中，她进一步理解了李老师的严格，并亲眼遭遇了别人对盲人调琴的不信任；在和音乐学院王兴龙老师的交流中，她也进一步明白了，不信任来自不了解，只要自己技术好，一定会赢得别人的信任，这也使得她更加倍地努力。

1994 年，陈燕和她的同学们毕业了。尽管她们留恋生活、学习了十多年的学校，忘不了辛苦教育她们的老师，舍不得离开朝夕相处的同学们，甚至害怕走上社会，但也明白，老师交给了她们生存的本领，剩下的就要靠自己去打拼了。

就这样，怀揣着梦想，陈燕被王兴龙老师推荐到华普钢琴厂，开始了她人生的第一份工作。然而现实并不像梦想的一样美好，钢琴厂的工人觉得盲人非常新鲜，不相信盲人会调琴，不理解盲人，常常围观、议论陈燕和她的同学们，陈燕非常难受，但同时也萌生了一个愿望：要尽全力，让所有人都了解盲人是怎样生活的，理解盲人可以调琴。

"路在你脚下，只能往前走，不能往后退。"姥姥的话始终回响在她耳边。在同事们过了好奇期后，陈燕主动和他们交流，告诉大家盲人是怎么生活的，慢慢地和大家成了好朋友，并欣喜地拿到了第一个月的工资 125 元，这也让姥姥十分激动和欣慰。

但是好景不长，不到半年，陈燕就听说厂子不景气要倒闭了。她便提前开始找工作，怀着忐忑不安的心情，她到长城钢琴厂去应聘。杨厂长接待了她，在知道她是盲人后，让她调了一台琴，认可了她的技术。陈燕激动不已，更有一种感动，认识到了其实社会上也还是有人理解盲人的。在这个钢琴厂，陈燕度过了一段非常快乐的工作时光。但挫折又一次随之而来，因为某辆公交车上售票员的不理解，她的胳膊被车门夹住，造成骨折，也因此丢掉了这份好不容易找来的工作。

半年后，陈燕的身体恢复了，又要找工作了。此时她又想起了毕业时的理想：给钢琴弹奏者调琴。而且李老师曾经说过的"你们肩负着在中国推广盲人钢琴调律这个新生事物的使命"这句话也在她耳边不断地回旋。于是，陈燕开始尝试在琴行找工作，然而却碰了一个又一个的钉子，他们因为不相信盲人调琴而拒绝了她，甚至连试调都不允许。陈燕越来越失望，开始学习中医按摩，并且通过自己的努力取得了中医按摩中专的毕业证，开始到她爱人的单位——北京按摩医院实习。

这样看来，陈燕的一生似乎要和调琴无缘了。但是经过和爱人的师傅赵老师的一次闲聊又激起了她的斗志。她认识到，盲人按摩之所以现在被别人承认，也是走过了一段非常艰难的路。盲人调琴要想得到社会的认可，同样也需要坚持不放弃。如果每个人都轻易放弃，中国以后永远也不可能有盲人调琴。有了这样的想法后，她带着自己的苦闷和疑惑又找到了李任炜老师，探讨自己今后的发展。李老师耐心地以自己的经历和自信鼓舞了她。在按摩医院实习结束之际，在即将拿到上岗证之际，在一份稳定的工作的诱惑下，陈燕毅然放弃了这一切，不顾爱人的反对，开始了她追逐梦想的艰难旅程。

她找到了一家大的琴行去应聘，这次，她留了个心眼，利用自己外表看不出是盲人的特点，开始并没有告诉经理自己是盲人。调了一台琴后，经理经过仔细检查非常满意。本来让她第二天就来上班，但在知道她是盲人后，又开始犹豫了，因为调琴需要上门为用户服务的，陈燕看不见，不容易找到用户家，而且独立出行不安全，出事了公司要负责任。陈燕反复争取，最后终于争取到了一个月的时间：利用这一个月熟悉北京的大街小巷，然后再来上岗。经理同意让她试试。于是，在爱人的支持下，陈燕走过了艰难的一个月的道路，终于上岗了。

上岗后，陈燕并没有高兴起来，而是多了些担心与疑虑，有时甚至会缺乏勇气。每当这时，她就想起自己的梦想，给自己打气。为了避免自己找不到路，让客户久等，她通常以提前一倍的时间出门；有时，路太复杂，或是天气不好，她会在路上摔倒，偶尔还曾经迟到。为了避免客人的怀疑，她通常忍受客户的不理解和指责，在技术获得认可后，才告诉客户她是盲人。就这样，不知道经过了多少个日子，经过了多少次的摸爬滚打，陈燕和用户们的关系越来越融洽，得到了他们的理解、支持与鼓励，并和他们交上了朋友。而且在自己获得了别人的认可与初步的成功后，陈燕开始帮助她的同学去应聘，逐渐让更多的人了解到了盲人也是可以调琴的。

后来，陈燕所在的钢琴城售后服务的量越来越大，她有时一天要

世上无难事，只有心人

跑四个用户家。要想完成每天的数量任务，又保证每台琴的调修质量，她一个人已经完全不可能做到。为了保证每台琴的调休质量，为了给盲人群体创造良好的信誉，她不得已辞职了，成了个体调律师，并决定靠自己的奋斗，扩大自己的用户网，以真诚去换得信任。

1996年，因偶尔一次用户的提问，陈燕产生了在钢琴方面给客户解疑答难的念头，并付诸实践。从当年的6月开始，她开办了中国首条钢琴公益热线，每晚通过电话义务解答钢琴相关知识。1997年7月还正式成为中国音乐家协会钢琴调律学会会员。

其实到此时，陈燕已走过了一段艰辛而不平凡的道路，而且从某种意义上来说已经成功了。但是她并没有满足于此，她觉得自己的梦想还没有实现，李任炜老师的梦想也还没有实现：盲人调琴什么时候才能像中医按摩一样被世人所承认呢？于是在李老师的鼓励下，她继续努力着。

1999年10月15日，第十六届国际盲人节那天，在市残联的帮助下，北京人伟钢琴调律中心成立了。陈燕出任业务经理，李老师也兼职做了经理。从此，她和李老师为了她们共同的事业奋斗着。虽然钱赚得少了，工作也忙了，但是她的信念却更坚定了。

当经理并没有想象中的那样轻松。陈燕负责用户的投诉，从第一次因客户对盲人的不理解而忍不住发火到慢慢地学会道歉，学会与人沟通和管理，甚至是应对一些蛮不讲理的客人，处理各种棘手的问题，她不断地观察、学习、思考，又走过了一段艰难的道路。在这段道路上，她竭力维护盲人调琴的信誉，坚持不蒙人、不骗人，取得了大多数用户的支持，慢慢地为盲人调琴赢得了生存的机会，也慢慢地打开了局面。同时，她和李老师也尽力地帮助有需要的人，甚至免费帮一些特殊家庭调琴，以此来回报社会，回报支持她们的用户。

2003年，已经小有名气、功成名就的陈燕听说北京联大特教学校要开办钢琴调律专业，开始犹豫要不要参加考试，一是不知道毕业10年的自己还能不能适应学校生活，二是上学要耽误一些工作，收入会减少。周围的老师、朋友给的也是两方面的意见。最后，陈燕为了实现姥姥的梦想，也为了妈妈曾经认为的盲人长大了看不见也没出息，她决定试一试。在一个月的努力复习后，陈燕最终以全国第一名的成绩考入了北京联合大学特教学院钢琴调律专业，再一次证明了自己的实力，证明了盲人也是能上大学的。

2004年3月，在宁夏人民出版社编辑的邀请下，早有出书想法、希望能给身处逆境的人一点帮助的陈燕开始着手写自传。9月，《陈燕，耳边的世界——中国第一位女盲人钢琴调律师的自传》正式出版，为了准备新书发布会签名售书活动，不服输的陈燕还在家里苦练签名，最终成功。2006年，该书被新闻出版总署列为向青少年推荐百种优秀图书目录，被美国芝加哥大学图书馆列入中文图书目录。2007年此书又再次出版。此时，陈燕终于知道了自己的价值，也再一次证明了自己不是妈妈眼中的废人，更明白了只要努力就能迎来有价值的人生。所以尽管在鲜花掌声中她出名了，但她更明白自己的人生路还很长，不能回头看，要努力往前走，去继续寻找属于自己的人生。

2004年11月17日，在开拓盲人调琴市场这条路上尝遍了酸甜苦辣的陈燕，为了学弟学妹们不再走她的老路，排除万难，在李任炜老师的支持与帮助下，创办了北京陈燕新乐钢琴调律有限责任公司，并担任总经理。这是中国第一家面向全国调琴的公司。虽然公司除了会计，全是残疾人，陈燕却坚持残疾人也是社会的一员，应该为国家出力，因而拒绝免税，照章纳税。

公司虽然成立了，但是社会上仍然有很多人不理解盲人，客户中各种各样的心理都有，有的不信任盲人，想要支持一下；有的觉得盲人太可怕了，听说调律师是盲人后，坚决不让调……面对这些情况，陈燕带领她的员工克服了种种心理上的难受与现实的困难，以高度的敬业精神和过硬的技术打动了一个又一个的客户。

紧接着，一份又一份荣誉来临了。2005年1月，陈燕被江苏卫视、《扬子晚报》、《东方文化周刊》、新浪网评为感动中国十大真情人物。2006年10月，陈燕成了世界杰出华人协会的会员。这么多年的努力终于得到认可了，姥姥若能看见应该也觉得欣慰了，陈燕激动万分。

收获硕果的陈燕，一直没有停住自己的脚步。早在2001年，陈燕还参加了北京残疾人艺术团的盲人民乐团。在2005年的5月，她接到了暑假封闭训练的通知，阿炳基金会成立的时候要开一个专场音

BLOOMING IN DARKNESS 黑暗中的绽放

——北京市盲人学校优秀毕业生事迹集

乐会，还要在 8 月备选 2008 年残奥会的演出。在李老师和中央民族乐团陈本智老师的鼓励和帮助下，通过自己的刻苦努力，陈燕学会了打民族排鼓《渔舟凯歌》，力求以自己的力量来为 2008 年的奥运喝彩、增光。

陈燕是不平凡的，她的成长经历与她的坚强与乐观，曾经被中央电视台、北京电视台、《北京晚报》、《中国青年》杂志等各大新闻媒体报道；陈燕本人也曾到广州、深圳、海口、上海、江西、广西、大连、哈尔滨、西安、银川等地的高校厂矿企业去讲自己的经历。在这个过程中，她会触碰到自己内心的痛楚，有些人会觉得残忍。但在她看来，如果大家听了她的经历有一点启发，那就是她的快乐；如果大家听了她的经历，以后碰到盲人需要帮助的时候能去帮助他们，那就是她的快乐；如果她怕伤害自己而对自己的经历闭口不谈，那个让全国人了解盲人的理想就无法实现，也不会有多少人敢用盲人钢琴调律师。

陈燕是不服输的，曾经有过的梦想，她都会尝试着一一去实现。凭着这股精神，双目失明的她还陆续学会了骑独轮车，学会了跆拳道，甚至学会了画猫。这些在常人看来盲人不可能完成的事情，她却一一做到了，甚至比有些健全人做得更好。

陈燕还是热情的，懂得感恩的，总是把握每一个向社会奉献爱心的机会。她会回到母校——北京盲校看望培养自己的老师，会给学弟学妹们讲述她的成长经历。她总是尽可能地帮助一些有需要的人，甚至还包括许多健全人。

陈燕虽然是一个盲人，眼前是一片黑暗与单调，但内心却是丰富多彩的。用她自己的话说，"阳光、色彩和世间万物在一个盲人的心目中比在任何一个健全人的心中都更加绚丽。"没错，她用坚强、乐观、勇敢、热情打开了心灵的窗户，开辟了无限宽广的耳边世界。我们也希望她的经历能激励更多的人学会面对困难与挫折，更祝福她的耳边世界越来越宽广！

采编：胡志娟

作为残疾人，还必须具有身残志不残、自强不息、回报社会的精神和品格。

——刘从军

## 扬鞭奋蹄，展翅翱翔
### —— 记盲人创业家刘从军

### 一、命运的捉弄

1970 年，四川省阿坝州小金县的一个乡镇，在那里，没有现代都市的喧嚣，没有风吹草低见牛羊的茫茫草原，有的却是高耸云端的大山，以及供人栖居的狭长的河谷地带。或许是传承了康巴汉子的大山般的个性，虽然出身贫寒，在家又是排行老四（共有六姐弟），刘从军和当地所有的孩子一样，骑在牛背上任其自由觅食，而他童年的想象，宛如天边的云彩——自由飞翔而又色彩斑斓。然而"人有旦夕祸福，天有不测风云"，一个偶然的事件，却彻底改变了他的命运。1985 年腊月十八，他和几个玩伴在玩弹弓时，其中一人无意间将石块射在了他的左眼上。霎时，血流如注。虽然，他忍住剧痛，用手紧紧地捂着眼睛，但鲜血仍渗过手指流在地上。到了乡卫生院，尽管医生使用了大量的青霉素直接注射在了他的眼部，然而仍难消除炎症。见此情景，医生遂建议他前往县医院就诊。而恰在这时弥漫的大雪早已封锁了前往县城的山路。就此，他错过了最佳的治疗时间。在痛苦的熬煎和家人的焦急期盼下，很多天后，山路终于化冻了。待他磕磕绊绊，在家人的搀扶下走进小金县人民医院时，他听到的却是：无药可治。就这样，因左眼牵连，他的右眼也很快失明，他成了真正的盲人。从此，熟悉的生活离他而去，他只能用心去感受蓝天白云，用耳朵去听小溪流水，用想象去体验牧归的喜悦。

### 二、闯入新天地

1986 年，母亲陪刘从军到成都治眼睛。在华西医院，为他诊治眼

世上无难事，只怕有心人

睛的郑教授语重心长地劝告他说："你的眼睛要想治好是不可能了，你不如到牛市口附近的盲人学校去学习推拿按摩，将来还可以做一名医师，为人治病。"教授的一番话令刘从军心里亮堂了许多，也触动了他心里的医生梦……

记得小时候，他身边的一些乡亲们因缺乏卫生知识，时常患上一些令其备受折磨的疾病。在医护人员的精心治疗下，他们往往得以恢复。那时的他，时常惊叹于他们的妙手回春，并梦想着自己也穿上了白大褂，为乡亲们送医送药。

然而，刘从军的梦想与母亲的要求相去甚远。她说："我时常见到一些盲人，他们在街头一坐，就有人请他们算命。你没有多少文化，何以为人治病？倒不如去拜个师父一心学算命。"当然，那时的刘从军确实也没有见过能为人治病的盲人，不过却坚信郑教授的话是正确的，毕竟教授见多识广，是大知识分子嘛。于是，在他的坚持下，母亲终于让步了。很快，他们找到了成都盲人按摩学校。当得知必须交纳3000元的学费时，他们便很快返回了小金县老家。回家后，母亲将牛卖后加上贷款，很快凑够了3000元。就这样，刘从军终于迈进了盲人学校的大门。

此前，走在街上，时常听到有路人在议论：那个人是盲人，快让他。而在盲人学校，大家都是同命人，彼此能够理解，置身这样的环境，他一下有了认同感、归属感，感觉这是一个新的天地，是属于自己的天地。他想：在这个天地里，自己就是理所当然的主人。由此，他对学习、生活充满了由衷的渴望。虽然当时的他，并不知道保尔·柯察金双目失明后仍坚持创作，并不知道张海迪瘫痪后坐在轮椅上不懈地写作，也不知道贝多芬双耳失聪后仍创作出了不朽的交响曲，但却坚信：残疾人不是多余人，他们同样能为社会作贡献。

在学校里，他潜心钻研推拿按摩。为了学盲文，因手上老茧太厚没有手感，他时常在学校的洗手池上把双手手指使劲按在上面来回摩擦，有时皮肤都磨破了，鲜血直流，他强咬着牙，以便让手变嫩，便于触摸盲文时手感更好。在相当长的时间里，他时常独坐寝室，反复练习指法。有时在不知不觉之间就睡着了，醒来后又继续练习。为了攻克读书的难关，从书本上获取更多的知识，他专门花了几个月的时间学习盲文。盲文熟悉后，他除了学习相关教材外，还花费大量的时间专门攻读了《按摩学》、《经络学》、《中医基础》、《中医诊断学》、《解剖学》等专业书籍，为日后的临床推拿打下了坚实的基础。在这样的学习环境里，他不知疲倦地学习着、生活着。一年半的学习很快期满，经慎重考虑，他向校方提出继续留校一年半，以便继续巩固和提高自己的按摩技术。这一要求得到了校方的许可。当时的刘从军，或许并不清楚什么是"业精于勤，荒于嬉，毁于随"的大道理，只是想学到真本事。

1989 年，刘从军回到了小金故乡，虽然，他依然看不见故乡的山、故乡的水，看不见世事的沧桑在父老乡亲脸上留下的印痕，但他内心是踏实的，同时渴盼着用自己的双手为乡亲们做点什么！

当时，很多人不相信按摩能治病，于是他很有针对性地为家乡的人们开展了免费义诊。刚开始，身边的伙伴们有个头痛、腰疼什么的，他就随手替他们推拿、搓捏。结果这随手一试，他们都说很见效，原来疼痛的症状都消除了。这一来真的是一传十，十传百。找他按摩的人逐渐多了起来。给他印象很深的是，一名骨质增生患者，因坐骨神经受压迫而站不起来，导致双腿萎缩，整个人瘦得像僵尸。家人都认为他活不久了，并为其准备了棺材。当他们听说刘从军能治病后，便将患者抬到他家，还说："我们知道他已不行了，你就死马当成活马医吧！"令大家吃惊的是：几个疗程（一个疗程 10 天）下来，患者竟然痊愈了，并且至今都还活着。在随后的几年时间里，刘从军一直在小金县城开诊所，并深受当地人的好评。

从盲校学成回到故乡的这 8 年时间，是刘从军服务社会、造福群众的时期，在这片新的天地里，他用自己的双手证实了盲人的价值。

## 三、无边光景一时新

1998 年对刘从军来说又是一年的转折期，这一年他被中国残联选中并进入北京市盲人学校，从而成为中国首届盲人大专按摩班的学员，学制 2 年。在这 2 年里，他不仅深化了自己的按摩理论和中医理论，还对中国的悠久按摩历史，有了较为系统的了解和认识。学

习期间，他一直在思考：泰国的按摩业为何如此发达，并成为其国民经济不可或缺的产业，形成都市靓丽的风景？我国按摩业的发展方向应该是什么？

两年后，当刘从军完成学业回到四川时，便决心用自己的实践闯出一条全新的按摩道路。四川是旅游大省，拥有丰富的旅游资源，而我们古老的推拿按摩业，在去痛治病的基础上，能否与旅游产业结合起来，成为人们外出旅游时消除疲劳、保持充沛精力的时尚休闲消费方式？根据他当时的了解，那时的按摩业一般只是满足于按客人的需要，头痛医头，脚痛医脚，其营业场所给人的印象是：小街小巷，低矮、昏暗、潮湿。其收费也仅几元钱。这样的按摩显然无法满足游客的需求，更难形成时尚消费的氛围。如此现状与刘从军的观念相比，真是天壤之别。他想：自己绝不能重蹈覆辙。

正当他辗转于九寨沟、都江堰等地做投资考察时，收音机里传来了都江堰景区、青城山景区成为世界文化遗产的消息，于是他立即决定在都江堰发展自己的事业。很快，在都江堰城区繁华地段，他借款投资几万元的"刘氏按摩"建立起来了。在他的按摩诊所里，有空调、有音乐，还有高档的按摩设施，收费也达到了每次20元。刚开始，前来消费的本地市民居多，渐渐的有了外地游客，甚至外国游人光顾。而刘从军的"刘氏按摩"在当地也渐渐有了名气，一次偶然的机会，都江堰市的主要领导来找他按摩，闲聊天中，他谈到了按摩与旅游业的关系，以及旅游产业发展的诸多因素，结果是一拍即合，不久都江堰市将他作为特殊人才加以引进，并将他全家人的户口等各种关系由阿坝州直接转入了都江堰市，让他担任了该市盲协主席。在都江堰市委、市政府的亲切关怀和支持下，有关部门热心为他和旅行社之间牵线搭桥，让"刘氏按摩"融入了都江堰市的旅游产业，成为旅游链条中的一环，并将"刘氏按摩"作为九寨沟旅游环线的歇脚点。其间，刘从军先后在都江堰投资100万元，建起营业面积达800平方米的按摩院，在四川绵阳市投资40万元建起营业面积达500平方米的连锁店。这些规模不小的按摩诊所，共解决了近100人的就业问题，近几年每年接待的客人均达2万余人次，其中不少是外国游客，营业额也大有提升，取得了较好的经济效益。刘从军的

"刘氏按摩"也在国家有关部门登记注册，成为同行业中享有盛誉的按摩品牌。

## 四、朝花夕拾

在"刘氏按摩"品牌的创立过程中，有无数精彩的瞬间，它们像一朵朵生活的浪花，在刘从军的记忆深处永远闪耀着光芒，它们让他这个盲人分明感到了世界的明亮。在刘从军已成为按摩二级技师的今天，他手捧"这些浪花"，依然还能嗅到它们的芳香。

2007年，美国旅游团到"刘氏按摩"来做保健，在做保健的过程中，刘从军突然听到掌声一片。"OK"声不断，接着，客人们拥进大厅与按摩师分别留影纪念。据说，之所以有这样的轰动效应，是因为他们认为"刘氏按摩"手法均匀，穴位准确，按摩非常到位。他们在很多地方做按摩，从未有做得这么好的感觉。

阿坝州红原县一位姓杨的女士因车祸而高位截瘫并错位，因而影响到中枢神经受压。通过成都华西医院外科整合后，依然是手脚瘫痪，随后她转到刘从军这里进行诊治。针对她的病情，刘从军坚持每天出诊，亲自为她按摩。10天后，她的手脚有了动感，再经过10天的疗程，她可以坐起来了，最后10天的疗程结束后，病人可以下床慢慢走动了，之后，他又对病人进行了10天的辅助性按摩，不久，该病人便回到红原县上班工作了。

2002年，一名叫杨勇的男子翻车受伤，导致第三颈椎滑落，第二附件骨折，当刘从军触摸他时，他的左手臂已抬不起来。而刘从军诊断后，发现其有颈椎错位现象，并提出要求其转院治疗（他当时在阿坝州小金县住院治疗）。而他却坚持要刘从军为其医治，随后，刘从军花了5天的时间给其做剥离粘连按摩。第六天，当刘从军为其进行旋转顶推法复位时，只听"咔嚓"一声，病人也大叫了一声。他说，感觉手指麻木、头昏眼花。顷刻，他的颈椎就可以活动了。之后，经拍片检查，他的颈椎复位了。伤好后，他感激地给刘从军送来了锦旗，上面的内容是：华佗再世送良医，扁鹊重生生妙手。

## 五、一片冰心在玉壶

2002 年，刘从军参加"首届中国按摩技能邀请赛"，获得了三等奖。在此前进行的西南片区选拔赛上，《天府早报》用"川队技惊四座"进行了报道。作为副教授级的二级技师，成绩的取得绝非偶然。在 20 多年的按摩实践中，刘从军始终把学习和提高放在了重要的位置。有人说他的盲文书籍堆了半间屋子，其实一点也不夸张。在自身提高的同时，他对徒弟的要求也相当严格，时常对他们说："客人是上帝，要对其做到百分之百的服务。"他要求他们在做按摩之前，必须先花费一年的时间练手法并学习盲人摸字。他对他们的要求是：做人、技术、人才、价值、家庭。而这五个方面是相辅相成、相互促进的。

刘从军时常想：自己从一个一文不名的放牛娃走到今天这一步，靠的是什么？他说，这当然首先靠的是党和政府对残疾人的关怀，社会各界对残疾人的扶助。然而，光有这些是不够的，作为残疾人，还必须具有身残志不残、自强不息、回报社会的精神和品格。虽然自己已 38 岁了，但也绝不能止步不前，故步自封。下一步，自己还打算成立一家公司，建立一所推拿学校，将"刘氏按摩"这一品牌做大做强，将"刘氏按摩"连锁店开到各个旅游城市，为四川的旅游产业，为都江堰市的"旅游兴市"贡献自己的力量。

作为盲人，刘从军固然什么也看不见，但在他心中，同样有着自己的世界，自己的天空。在这里，他同样可以扬鞭奋蹄，同样可以自由飞翔。而更重要的还在于：他的世界，他的天空，不仅从属于外面的世界，外面的天空，而且完全可以融合为一个有机的整体，共同推动社会的运动和发展。

采编：陈瑜

身残不失志，人生当自强。

——曹军

▲ 曹　军

世上无难事，只怕有心人

## 身残不失志　人生当自强
### ——记中国第一家盲人按摩网站创始人曹军

　　雨后的黄昏，他决定与父亲同往学校接女儿。放下手边的工作，享受一份属于自己的天伦之乐……

　　十几年前，也是这样的黄昏，父亲就这样携着他的手，走在回家的路上。若干年过去了，他已为人父，也将携着女儿的手，走在回家的路上。就这样，他踩着记忆的足迹，顺着记忆的牵引，走进女儿的学校。来早了，女儿还没下课，他就站在校园的操场等着她。听着从教室里传出的朗朗读书声，记忆的闸门瞬间打开——

　　1984年9月1日，小曹军走进了培育他11年的北京盲校。在这里，他度过了童年时代、少年时代，成长为青年，从一个生活不能自理的盲孩子，成长为一个不仅能够完全自理，还懂得享受生活的自强者；从一个无知的盲童成长为一个有知识、有技能的有志青年。刚入学的时候，妈妈因为担心小曹军的生活不能自理，反对他上学。爸爸却说："你总不能让他一辈子窝在家里，在你的呵护下成长，那样早晚得成为废人。咱不说，能让孩子造福于社会，也不能让孩子成为社会的包袱呀！再说，为了孩子的身心健康也得去上学。"听了爸爸的话，妈妈就含泪将曹军送进校园。果然不出妈妈所料，离开了父母，

在生活方面，他就好像一个刚出生的婴儿，不懂得如何叠被、洗衣、系鞋带。但没用多久，在生活老师的细心指导下，这些事情就都能做了。父母看到他能够自理生活，脸上乐开了花，逢人便夸，他一下子成为父母的骄傲。

在过去，曹军每当想起自己要一生面对黑暗的世界，就有一种无名的恐惧和悲凉。无尽的黑夜，看不到黎明的曙光，只能用心去体会日夜的交错。漫漫的长路，寻不见起点和终点，只有用双手去触摸前行。但自从经历了一次令他终身难忘的事情，这种想法就被彻底地改变了。有一次，学校和阜外二小的全体师生共同搞了一次联欢活动，两千多人聚集在一个宽敞的礼堂内。活动开始，伴着音乐响起，全场的灯光熄灭，足足有两分钟，没有一个人出声。随着灯光再次缓缓点亮，主持人深情地说："让我们闭上双眼体会一下黑暗中的痛苦，当我们睁开眼睛，再次回到光明的世界，心里的感触如何？而我们的盲人朋友们，每时每刻都置身于此，让我们伸出爱的双手，让希望的火炬在充满温情的世界传递。"那一瞬间，全场爆发出热烈的掌声，每个人的眼里都闪着晶莹的泪花。从那一刻起，他就下定决心，一定要做一个残而不废的强者，让黑暗向他低头。这是一种来自心灵的震撼，也是一股无形的动力。

在母校 11 年的学习生活，为他的美好的人生打下了坚实的基础。从小学到中学，他曾担任大队委、学生会主席，连续 7 年担任班长，多次被评为三好学生。

转眼，曹军考入中专，开始中医推拿专业的学习。手抚在那一块块冰冷的人骨上，读着一段段令人费解的文字，好比读天书一般。老师语重心长地对他说："你必须要克服所有阻碍，学会这门技术，这样，才有未来，才有出路，才能做一个有用的、不拖累社会的、自食其力的人。"在老师们的耐心教导下，他学会了一技之长，为成功创业储存了丰富的精神食粮，也打下了坚实的技能基础。

1995 年，曹军带着对未来的无限遐想，对前途的希望和迷茫，从盲校走向社会。站在人生的十字路口，他犹豫徘徊着。长春大学的录取通知书拿在手里，是继续北上深造，还是留在按摩医院吃皇粮？他一时拿不定主意。这时他想起老师对他说过的话，想要真正提高按摩技术，临床实践才是最宝贵的。因此，他下定了决心，放弃北上深造的机会，要靠自己的双手和智慧，创造一片真正属于自己的艳阳天，拥有一份让父母真正引以为豪的事业。于是他对父母说，想开一家按摩店，但遭到他们的反对。因为，当时盲人按摩还是新鲜事物，况且一名盲人想要自己开店，要面临着许多困难。他理解父母的心情，但决心已下，不能动摇。他对父母说："请你们给我半年时间来检验我的想法，爸爸不也曾经说过，送我去读书，就是希望我能自食其力，不能成为社会的包袱，那么，就请你们给我一个机会，让我用自己的双手打拼出一个世界。"在父母和酒仙桥街道办事处的共同帮助下，曹军的私人按摩诊所"昌盛元盲人按摩中心"终于开业了。奋斗的号角就此吹响。

刚开业的那几天，曹军都以饱满的精神坐在小诊所里，聆听着窗外的声音，期待着顾客的脚步声。可是，一天，二天……竟然没有一位顾客光临。一个星期过去了，他再也坐不住了。顾客花钱不愿来，那就免费为他们按摩。他请邻居帮忙写了一张"免费体验按摩两周"的广告，贴在了玻璃上。没想到这一招果然奏效，当天就接待了7位顾客，虽然没有经济效益，但那一天夜里，他却是笑着进入了梦乡。在按摩实践中，他要求自己，一定要以热情、认真的态度，全心全意地为顾客服务，客人不满意不收费。工作之余，坚持学习按摩理论知识，思考、研究临床遇到的各种难题。三个月后，小诊所终于开始赢利了。随着生意的日益兴隆，他又招聘了几个按摩医生，做起了小老板。

小诊所有了赢利，曹军开始不满足于现状，一定要用双手创造出属于自己的一片天，而不是一口井！1999年，他成立了股份有限公司，按摩诊所进驻四星级饭店。2006年，向外地进军。截止到2008年，已拥有全国八家有着规模和档次的按摩店，注册成立了昌盛元盲人按摩服务公司。在打拼的12年中，连续五次被评为北京市按摩文明标兵，2006年以42万张票当选为朝阳区十大新闻人物。作为唯一当选的残疾人，他感到无比的骄傲和自豪。2007年，他被北京市授予自强模范，再次向社会证明了自身的价值

今天，能拥有这些成绩，曹军深感离不开党的政策、母校的培养、

残联的扶持和各级政府的关爱。同时，也离不开一位最忠实的良师益友——电脑。它没有血肉之躯，却让曹军无限依赖；它没有智慧的头脑，却指引着成功的方向；它没有跳动的心扉，却记录着他的奋斗历程，它就像丰富的宝藏带给曹军丰富的知识和无限的商机。

在21世纪的信息化社会中，不及时掌握最新的知识，不能及时了解市场动态，肯定会被社会所淘汰。如果不能很好的掌握电脑的应用技术，就肯定会因为知识匮乏而落伍。当时，他还只是听说过电脑，也知道它能代替人们处理很多事情，至于它是什么样，究竟好不好学，一无所知。但不知为什么，他还是对电脑产生了浓厚的兴趣。他想：如果能很好地掌握它，肯定会对今后的发展有很大的益处。学会用电脑打字，就可以逾越文字带来的屏障，顺利实现与明眼人的沟通。如果学会上网就能够结识更多的新朋友。于是，并不富裕的他，用一万两千元购买了一台联想电脑。自从电脑走进家门的那一刻起，他就告别了凌晨一点前睡觉的习惯，日复一日，年复一年，直到今天。当时，没有任何语音软件，更没有老师言传身教，双手抚摸着陌生的键盘，他心里一片迷茫，不知该如何下手。但毕竟花了一万多啊，不好学也要学。他默默地给自己鼓劲，反正上学时，学电子琴就是从熟悉键盘开始，电脑干脆也从键盘下手。在朋友的帮助下，一百零四个按钮，不到两天，就背得滚瓜烂熟了。随后就是指法练习，可能是先天感觉灵敏的优势，都不在话下，但接下来遇到难题了。打开电脑后，所有的操作都没有语音提示。即使输入英文，也只能凭感觉。至于输入对不对，只有电脑知道。这可怎么办？任何人都束手无策，他更是一筹莫展。白天处理公司的事物，晚上就对着电脑苦思冥想。最后，在联想公司的帮助下，他购买了一套IBM公司的语音识别系统软件。这个软件当时号称可以用语音指挥电脑工作的，也可以利用语音向电脑录入文字。曹军急不可耐地开始了语音识别训练，但如果让电脑识别自己的声音，首先需经过260句的语音录入测试，而且必须按照屏幕上显示的语句连贯阅读，不能停顿。他只能先将这些句子译成盲文，经过反复训练后，请来一位联想公司的软件工程师坐在电脑屏幕前控制鼠标，自己坐在旁边戴着耳麦。电脑上出现需要阅读的句子，工程师轻轻地拍他一下，他就马上开始一边摸盲文，一边阅读，反反复复用了 5 个小时，终于通过了语音识别录入。这样用电脑写的第一篇文稿《常回家看看》就诞生了，但识别后的正确率只有百分之六十。不过他已经是很高兴了，毕竟这是他走出的第一步。接下来就是背诵语音控制命令，一本厚厚的说明书，上千条的语音命令，要一字不差：打开窗口、资源管理器、返回桌面等，只能死记硬背。每天晚上要花费四五个小时，持续了三个月。但他的姐姐却说："你现在用语音录入汉字，错误率那么高，每次写完文章还需要别人进行修改，这有什么实际意义？再说写文章是心手并用，不可能事先把要说的话准备好，再一气呵成，因此，你现在的学习方法绝对是徒劳的。"姐姐的话碰到了他的痛楚。沮丧中，他一个多月没有摸电脑。

　　一天，曹军和一个顾客聊起电脑，顾客说："你只能学习区位输入法和 DOS 命令操作系统，但这需要很大的毅力，才能克服失明所带来的困难。"听了这些，他似乎又看到了希望。第二天，顾客带来两本书，《区位输入法》和《DOS 命令集》。找人帮他读《区位输入法》，当时差点晕过去。四个数字表示唯一汉字，准确率百分之百，但一级汉字（3755 个），二级汉字（3008 个），共 6000 多组数字代码。而 DOS 命令更是异常繁琐。他忽然觉得很悲哀，明眼人可以借助 Windows 轻松地驾驭电脑，敲击出心理的独白，而要实现这些，对于盲人简直无法实现。他想放弃，又不服输。一咬牙，让姐姐将这两本书录制成磁带，开始了漫长的抄写和背诵。"2901"代表健康的健，"4582"代表千万的万，dir 查看文件，"del"删除文件或目录等等。从 1999 年到 2000 年，基本上就没有停止过背诵，连做梦时到处都是阿拉伯数字和英文字母，如山似海，纷纷涌来，自己置身其中，显得如此渺小。一年多，他既不敢懈怠日常的经营，也不愿放弃电脑的挑战。到了 2000 年 7 月，能熟练地进行键盘录入。打开电脑，用语音控制启动 Windows，然后，通过热键调整到区位输入法，接下来就可以轻松自如地谱写心灵的篇章。按动一串串数字，屏幕上跳出来的是一个个凝聚着心血和毅力的汉字。这其中的艰辛，只有经历过的人，才能够真正体会到。首款语音软件——清华双星的出现，他买回家认真学习。一年多的努力，电脑终于成了他的朋友，可以随心所欲地驾驭它了。

随着互联网的迅猛发展，能否借助互联网推进盲人按摩事业的发展呢？曹军对建设网站一窍不通，拿出 3000 元，聘请网络公司，建立了全国第一家盲人按摩专业网站——中国盲人按摩网，录入了北京市所有的盲人按摩机构的地址，供顾客检索。只要登录网站，就可以找到距离自己最近的盲人按摩中心，尽享盲人按摩所具有的独特服务。但请人做网站又面临着一个问题，就是最新的信息无法更新，不能满足信息迅捷的发展特性，一个网站总是一成不变，就会失去活力，变成一潭死水。曹军又开始学习网页制作，从互联网下载了大量的网页设计教程，认真阅读，仔细研究。最难的就是图片的布局，明眼人可以通过很多辅助工具，比如说微软的 FrantPage，以及 Dreamweaver 等进行编辑，而语音软件对于此类编辑器不支持，只能通过背诵源代码来解决这一难题。总之，在电脑操作方面，盲人需要付出比明眼人数十倍的时间和精力。经过不断的学习和实践，从 htm 语言到 asp 程序，都被他纷纷拿下。网站的内容得到及时丰富和更新，并逐渐被各大搜索引擎免费收录。现在，只要登录互联网，输入盲人按摩，搜索，中国盲人按摩网肯定会第一个跳进您的视线。正是依托于强大的网络媒体，网站的点击率与日俱增。从建立网站到现在，通过网络预约的按摩服务已经超过了 3000 人次，包括宝华康、韩陵等数十家盲人按摩机构，都从中受益。每次有患者电话咨询，他们都会推荐顾客到就近的盲人按摩中心接受服务，而遇到预约出诊，他们联合十几家按摩机构，建立了协作团队。2004 年，网站获得互联网管理中心颁发的特殊网站荣誉奖，此外还获赠了盲人保健的通用域名。同年，曹军建立了一个属于自己的网络商城，推销按摩资料和相关用品，到 2006 年 2 月，这项收入达到 7 万元。2006 年，一个旅游团通过网络搜索到公司，要求同时提供 16 个盲人按摩师上门服务，当时远南之星等五家公司在一个小时内人员全部到位服务，得到了客人的好评。

曹军掌握了电脑应用技术，领悟了学习的艰辛，就不愿再让盲人兄弟姐妹们再走如此坎坷的道路。2003 年，在朝阳区残联的帮助下，他举办了全国首届盲人电脑培训班，并由他担任授课老师。责任重大，不能辜负大家的期望。详细编写教学计划，针对盲人的学习特点，用盲人的方式指导盲人，用最直接的技能训练取代说教。为了提高教学质量，他抓紧一切时间备课。那段日子，每天只能休息三个半小时。电脑对于学员们来说是一个很抽象的概念，所有的知识，没有直观的感觉，掌握起来非常困难。他就凭借过去的经验，用铁丝做成各种图形的样子，让学员用双手来感知什么是视窗，什么叫对话框，编辑框。这个办法果然奏效，不到 10 天，同学们掌握了基本的 Windows 操作。当时，一个学生激动地说："电脑简直是太神奇了，它一定会成为我们盲人的另一双眼睛，一双科技的眼睛。"北京的学员史静是曹军的老同学，竟然成为他的学员。老同学非常喜欢创作，过去每次投稿，都要请朋友帮忙将盲文翻译成汉字，遇到人家没时间，就只能耐心地等待。现在可好了，只要通过电子邮件，她的心声就可以在瞬间送达各大报社。这更激发了她的创作热情。这次培训班的成功举办，为今后的盲人培训奠定了基础。讲课录音在网站上发布后，下载量已经突破了 1 万多次。全国绝大多数购买电脑的盲人朋友们是听着这次的讲课录音掌握了电脑的基本操作。从第一次培训班开办到今天，朝阳区残联、朝阳区图书馆、北京市按摩指导中心共举办电脑培训班 36 期，培训学员近 500 人。2004 年中央及北京市领导到残联参观电脑课，领导看了盲人的操作都很惊讶。2005 年，回良玉副总理看了学员们用电脑上网浏览，更是感慨万千。一个学员打出了"热烈欢迎回总理"的语句，他激动地说："这简直是不可思议，新时代的盲人了不起。"这是盲人的骄傲，也标志着盲人素质有了本质的提高。

2007 年，曹军投资 50 万创办北京保艺互动有限公司，涉足盲人无障碍科技产品的开发。目前，研发的盲用读钞机和点钞机全国首创。此外，正在开发的新一代读屏软件，在功能上也有了本质的突破。不仅支持文字的朗读，同时也突破了图片的识别。相信在更多人的关注下，盲人的生活一定会变得更加精彩。

自强不息是民族精神，是中华民族历经磨难不断强盛的动力。自强不息也是每一个残疾人所应有的精神！曹军用百分之百的努力去完成时代交给他的每一项任务！用百分之百的热情去享受今天的幸福生活。

采编：何红霞

▲ 刘　颖

自信，是人生最大的财富

——刘颖

## 自信，是人生最大的财富
### ——记中国第一个用 DV 拍摄纪录片的盲人刘颖

刘颖，男，1971 年出生于北京，双眼视力仅有 0.03。1980 年开始在北京盲人学校上学，1985 年小学毕业，1988 年初中毕业，1991 年毕业于盲校按摩中专，现担任北京市盲人学校按摩培训学校足疗培训师、健桥盲人按摩中心技术顾问，同时还拥有"刘颖工作室"——从事音乐、影视的后期制作，及商业广告宣传片的制作工作。

2008 年 4 月的一天，春风和煦，阳光明媚，在海淀区的一个普通的公寓里，在刘颖的工作室，我采访了 20 多年前教过的这个学生。

20 多年前，我大学毕业分配到盲校工作。最初领导安排我临时替一位生病的老师代课，就是刘颖当时所在的小学三年级那个班。他回忆说："张老师，我清楚地记得，那堂课，您给我们讲的是《从赌钢镚儿到小储蓄》这篇文章。"我很惊讶，过去这么多年了，那节课的事我早已记不清了，居然他还能说出我讲课文章的题目。我不禁暗自佩服我学生的记忆力。说明来意，步入采访正题，我问刘颖，你能有今天的成功，学校生活对你有多大的帮助呢？沉思了一下，刘颖幽默地调侃了一句："盲校的 11 年，教会我掌握了生存能力。在那个时代住宿过的学生，相当于健全人中下乡插队的经历。"他接着说，盲校的那段生活经历留给他青春年少时的许多美好回忆，不仅是生活能力的培养，更重要的是学会了处理人际关系等的思维方式。

刘颖的眼病是家族遗传造成的。他母亲家族的舅爷（现年90岁）、舅舅和舅妈，再到刘颖，三代人都是北京盲校毕业生。他们都见证了盲校的变迁。很小的时候，刘颖的父亲就对他说："你是盲人，要勇敢面对现实，什么时候都要自信，不要轻易放弃。"父亲的这句话，刘颖在很多场合不止一次地提到过，可以说这句话使他受益终生。

父亲对刘颖的影响很大。在他很小的时候，父亲就要求他，平常孩子能做到什么，刘颖也要做到什么。什么事情都要自己完成。比如，把玩具拆开，再重新装上。父亲教他会骑行车、游泳、滑冰、划船，甚至还教给他很多其他专业技能，如维修家里的电器开关等。刘颖还以非常骄傲的口吻告诉我，他居然还能做一手好菜。

后来家庭条件好了，买了私家车，父亲带着全家到草原去玩儿。当开到一望无际的大草原上时，父亲告诉他哪里是油门，哪里是刹车后，就让他学着开车。尽管起初开得东扭西歪，但最后还是能跑直线了。他说，"父亲让我体验开车的感觉，其实是让我感悟什么是自信。我虽然是残疾人，只要有自信心，我也可以做到平常人可以做到得事情。"

刘颖刚到盲校时，学校发给每个孩子一张通知书，上面写道："家长同志，如果您的孩子具有独立行走能力（可以自己回家），请提出申请。"他当时9岁。父亲问他说："你可以自己回家吗？你有兴趣尝试一下吗？"他不自信地回答："不知道。"但父亲语气坚定地说："我看你行。我先带你走两趟，以后自己坐车回家。"当时，他家住在北京站。为安全起见，父亲为了让他少过马路，让他顺汽车开行的方向先坐公交车到苹果园，再转坐地铁到北京站回家。带他走了两次后，父亲说："小颖，下次你自己回家吧。"只是9岁的孩子，他心里真没底，但还是答应不要父亲的帮助，自己回家。周末了，父亲没有接他，他很生气，但孩子的好胜心鼓励他赌气自己走。"先坐336路汽车，到了苹果园站下车，换乘地铁，到北京站，再到家。在家门口，刘颖突然感到自己肩上被一只厚重的大手拍了一下。"儿子，你表现真好！行，有出息，自己可以回家了。"刘颖不知道，其实那次，父亲虽然说

不管他，让他自己回家，但一直是悄悄跟在他的后面看着他，"只有当你遇到危险或需要帮助时，爸爸才会出现在你身边。我就是要培养你的自信心和独立行动的能力。"

刘颖的父亲是一家国有企业的厂长，工作很忙。但每到周末，父亲都要拿出两个小时左右的时间和他交流和沟通。刘颖把在学校一周的事情都讲给他听，然后父亲帮他分析、判断哪些做对了，哪些做错了，并告诉他："在外不管发生了什么事情，即便是闯了多大的祸，回家后一定也要诚实，说实话。"渐渐的交流已成为习惯，到现在，他和弟弟与父母都保持着融洽的交流关系，有什么事情都能如实告诉家人。

父亲的苦心教育和耐心引导，使他在学校做事有了底，正常成长着、成熟着。后来在这片土壤里，他学习了许多有益于今后走入社会的工作技能，培养了自己的特长，如会看乐谱，拉手风琴、大提琴、电子琴，打架子鼓。他很快成为班级和学校的文艺活动骨干，还担任了学校乐队的队长、广播站的站长、学生会的主席。刘颖多次主持全校的大型文娱活动。按现在的话，他是学校的明星、"腕儿"。

考上盲校的按摩中专后，刘颖负责中专部的外联宣传工作。这对于他走上社会、闯荡生活，打下了一定的基础。当他们的班级面临毕业时，他们的班主任老师让他负责一个按摩店的宣传策划和外联工作，有意识地培养了他的自主活动能力，以及整体策划的意识和做好工作的条理性。按摩店策划成功了，顺利开业了。刘颖从中也获得了包括对按摩店的创办、宣传、管理的一整套思路和自己可以独立地进行工作的自信。

三年的中专学习很快过去，是到北京按摩医院，还是到残疾人福利企业？他面临就业的选择。他选择了北京章光101毛发再生厂。

初到工厂，他以为，凭着他所学的按摩专业，不错的手法技能，会分配到厂医务室工作。但领导给他浇了一盆冷水说，新来的职工都有一年的转正期，在这一年里不管是谁，不管你学的是什么专业，都必须先下车间劳动再说。

上班的第一天，他就傻了。脑子里还回想起在学校当'腕儿'的感觉。面对现实的巨大反差，心里的滋味不知如何形容，内心充满了苦闷。回到家，刘颖不停地发泄着不满的情绪，但父亲却始终一言不发。最后父亲只淡淡地说了一句："因地制宜，改变生活。"

于是，刘颖硬着头皮又走进了工厂。刘颖舅舅也在这家工厂工作，师傅们对他都很友善，对他既有关爱，又很严格。他渐渐地适应了这里的生活。在工作之余休息时，他主动用所学的特长为他们按摩。转眼就是 3 年，在这里，他用自己的真诚对待每一位师傅，为他们服务，师傅们也回馈他的帮助。他助人为乐的行为得到了大家的赞扬，通过大家的宣传，他又成为公众人物。同时，工人师傅的踏实、淳朴的精神也深深地教育和感染着他。

1992 年，由于发行国债，单位从他们每人的工资里扣出了大部分钱，生活费所剩无几。当时他可以伸手向父母去要钱，但是，如果真正离开父母，该如何生存呢？他产生了自我拯救、出去按摩挣钱的想法，开始了人生的第一次创业尝试。

于是，第二天他找了一块牌子，求人写了几个字："盲人按摩，每次 2 元。"开始走上街头，摆地摊按摩挣钱。时间是 1993 年 7 月 13 日，当时，是在西城马尾沟菜市场。第一天下来，只挣了 18 元钱，吉祥数字。第二天 24 元，第三天 54 元。当时的账本和招牌，刘颖至今还留着，他曾经和妻子说："留着它，将来给儿子看看，让他知道父亲当初是怎样创业的。"

不久，单位宣布所有的残疾人回家，只拿最低生活费。老师傅们都恋恋不舍，流下了留恋和迷茫的眼泪。"我却暗自高兴，我可以不再请假，天天出摊儿挣钱啦！"他不愿再这样风吹雨打阳晒摆地摊儿按摩了，于是，想在亚运村家门口附近一带租房子开按摩店。

那时的房租挺贵的。能不能挣钱，他心里真的没底。弄不好，干了半天，不仅没挣到钱，反而连房租也抵不上。刘颖犹豫着。父亲见状坚决地说："大胆干！挣钱是你的，赔钱是我的。我能看到我儿子开店，能自己养活自己，我死了也放心啦！"在父亲的鼓励与支持下，按摩店就这样开起来了。

当时的生意还真不错，有时顾客多得令人应接不暇。与此同时，他的人生再次出现机遇。刘颖从电视上看到了宣武区著名的足部反射专家陈亦林教授的介绍，对足部按摩技术产生了浓厚的兴趣。"如果学会了足部按摩，会使我如虎添翼。"通过朋友的介绍，刘颖和爱人一起到了北京宣武医院，向陈教授拜师。经过一段时间的学习，从来没

有教过盲人按摩的老教授，被两位盲人的认真、刻苦的精神所感动。在学习班结业仪式上，教授让他们在全班同学面前表演手法，然后拉着他们的手说道："徒弟，今后到了外边，第一，你们可以说是我陈亦林的学生；第二，我是你们的老师，我会教你们一辈子；第三，我会在每次新开班的时候，给盲人学员留两个名额。"

为了跟陈教授更深入地学习，掌握更多的技能，他毅然决然关掉了按摩店。通过一年的努力学习，他不仅获得了多种足疗按摩的手法，还获得了许多宝贵的临床资料，这些为他今后开展足疗按摩打下了坚实的基础。

在这之后，他不放弃任何机会，在给客人在按摩的同时，还尝试进行身体的调理，得到患者的好评。于是，他主动和附近的发廊联系，只要有需要按摩的客户，就打他的呼机来进行保健按摩。很快，又赢得了一批客户，每天忙得不可开交。他记得有一个客人闹肚子拉稀。于是，刘颖专门给他做了调节肠胃功能的足疗按摩。客人的腹泻得到抑制，疗效非常好。第二天，他又找到刘颖，对他说："我是一家公司的工会主席，你的足疗技法挺神奇，我可以推荐你到我们公司的医疗中心工作。"于是，刘颖应邀来到这家公司的医疗中心。在这里，他的按摩技术，得到了更充分的发挥。"机会，往往青睐有准备的人！这句话说得太好了！"刘颖深有感触地说。

随着技艺的提高，声誉的渐起，让他做按摩的人，几乎都换成了公司的老总或是老板。尽管如此，刘颖还是忙不过来。于是，他开始自己办培训班，定向为酒店培养按摩师。在当按摩师的同时，他又多了一个头衔——按摩培训师。这在按摩行业，是不太多见的。

1998年底，当北京的按摩业雨后春笋般兴起时，刘颖是以按摩培训师和技术顾问的身份出现在这个行业中，可谓凤毛麟角。这期间，他曾为多家盲人保健按摩店的创立献计献策。2002年，刘颖被北京盲人学校按摩培训中心聘为足疗培训教师，教授专业足疗按摩技能。

刘颖从一个北京盲校毕业的普通孩子，逐步变成了一名站在五尺讲台上的老师，给那些同他一样的盲孩子讲述他们非常需要的知识和技能。他说："能有今天的成绩，我要感谢所有关心过我、帮助过我的人，首先要感谢盲校的老师们。现在，我真的感觉到我是这个社会上最幸福的人。"

刘颖是一个非常热爱生活的人，在这些年的打拼里，一直没有放弃曾经拥有的梦想——那就是对音乐、艺术的追求。现在，他感觉到经济情况好了，有了物质条件去实现少年时的梦想了。

早在1993年时，他的父亲就买了一台摄像机。刘颖对它的兴趣很大。父亲耐心地给他讲解了机器的功能、构造和使用方法，他就开始给家人拍摄了。无论是清晰度还是稳定性，他拍得都是很好的。家人不断鼓励他。从那个时候，他就曾想过："我要是有健全的眼睛，我也能拍电视，拍电影。"

到了今天，奇迹就要发生了，他的愿望真的就要实现了。他将以中国第一个盲人摄影师的身份，用DV拍摄一部表现残疾人的生活，表现社会各界对残疾人的关爱，以及社会日新月异变化的纪录片，片名是——《同一片蓝天，同一个梦想》，争取在残奥会之前完成，并献给残奥会，献给全世界的残疾人。

如果说，奥林匹克精神挑战的是人生，挑战的是自我，那么，刘颖作为一个盲人，能勇敢的拿起手中的DV，同样是在挑战着自我，挑战着人生！

目前，《同一片蓝天，同一个梦想》这部片子已经到了后期合成阶段。如果有可能，他还将在片子里演唱一首主题歌。制作完成后，将捐给中国残奥会组委会，让来自世界各地的残奥健儿们了解我国残疾人的生活，让他们知道，生活在北京的残疾人，生活在中国的残疾人是自强不息的，是富有挑战精神的，是幸福的！

自信，就能把握住机会。自信——是刘颖人生最大的财富。

采编：张淑梅

BLOOMING IN
DARKNESS 黑暗中的绽放
——北京市盲人学校优秀毕业生事迹集

敢于自我挑战，不能自己看不起自己，身体残并不可怕，怕的是思想残。人生要不断追求，残疾人更要追求。残疾人也要活得轰轰烈烈！不管你是平常人还是残疾人，机会对每个人都是平等的。我坚信：机会，眷顾有准备的人！

——于俊海

▲ 于俊海

## 机会，眷顾有准备的人
### ——从按摩师到企业管理者于俊海

　　1967 年 9 月初的一天，在海淀区八里庄的古塔、运河边，一个男孩——于俊海出生了，给这个普通的家庭带来了欢乐。但是，孩子出生后十多天了，还迟迟睁不开眼睛。等睁开后，父母惊奇地发现，他的双眼全是蓝色的，不久后又逐渐变成灰白色。家人在孩子眼前做出各种动作，他全然不知，毫无反应。为治好于俊海的眼睛，父母带着他奔波于各大医院求医问药。但最终医生确诊，由于孩子在母体中的先天性营养不良，造成视神经发育不全，使他的双眼处于失明状态，终身只有一些光感。全家顿时陷入极度痛苦之中。

　　转眼间到了上学的年龄，明智的父亲对孩子说，你的眼睛虽然不好，但也要上学，要从知识中获得人生的光明。于是母亲开始为他联系学校，最后找到了北京市盲童学校。从此，于俊海开始了在盲校的艰苦学习，踏上了寻找人生光明的新生活之路。

　　"我们这代学生与老师的关系十分融洽，他们没有看不起我们，他们耐心地教育和开导我们，鼓励我们振作精神、树立生活的信心。从他们身上，我们不仅学到了知识，还明白了比知识更重要的做人的道理。"于俊海深有感情地说。

1977 年 9 月入学后，于俊海聪明好学，因此成绩很好。于是他开始连续跳级，从三年级跳到五年级，然后又跳到初一。真正改变他对知识的渴求，是到了初中阶段。1982 年后，盲校来了一批新毕业的大学生。有教语文的索幼新老师，教物理的徐容老师，教体育的王泽民老师等。"他们的到来，不仅给盲校带来新的气象，开拓了我们的眼界，启迪了我们的思想，还使我们从残疾人没有生活前途的狭隘观念中解脱出来，激励我们在学校掌握一定的工作技能，打好今后勇敢步入社会的基础。"

1984 年，于俊海考入盲校的按摩中专。他的学习生涯又上了一个台阶。这个班的学生来自全国各地，同时，他们赶上了一批更年轻的大学毕业老师来到盲校。其中有教语文的张阳老师，教物理的韩萍老师，教生物的王立平老师。"年轻的师资，不认识的同学，都给我带来了更大的朝气，向上的动力。记得一个老师曾对我说过这样的话：'残疾人更不要不懂装懂，要付出比平常人更多的努力，要多学知识，才能在人生的路途中获胜'。"

"我由衷地感觉到，那个时代的老师跟我们是朋友，而不只是单纯的师生关系。"于俊海感慨到。"那时候，教体育的王泽民老师给我们画好场地，摆好球门，我们经常和老师一起踢足球。每到下午的课后，我们尽情地到操场跑、跳、踢球，我们甚至还和老师进行足球比赛呢。"

"快乐的盲校生活，年轻的大学生老师，带给我们的是新鲜的知识，扎实的专业技能知识，这一切为我自信、乐观地走上社会奠定了坚实的基础。"至今谈起在盲校的学习生活和与老师的亲密接触，于俊海还怀有美好的记忆。

1986 年，于俊海从盲校毕业了。他先后到北京永定路医院和海淀老干部局的医院按摩实习。1987 年，他被分配到北京橡胶厂，不再从事按摩工作。

上世纪九十年代，全民经商下海浪潮的兴起，于俊海也被卷了进去。1995 年，不甘丢掉按摩技艺的他毅然决然地从工厂出来，开始到社会上闯荡。最初的实践是艰辛的。刚开始，由于心里没有底，他只到蔬菜早市上给人按摩。没想到，第一天，竟然挣了 80 元钱。"干了

一个月，整整挣了 888 元钱。这个数字我记得太清楚了。"由于他按摩技术好，服务热情，肯吃苦卖力，对人真诚，很多患者被他感动，逐渐接受了他，成为他的固定客户。一个在清华园社区工作的大妈，主动把他请到了居委会，让他到那里为社区的人们做按摩服务，不仅使他的工作地点比较固定了，另外收入也更有保证了。

在社区工作时，他接触了一些科技、教育、医疗等方面的人。于俊海从这些人的身上不断学习各种知识，其中包括气功与养生，甚至是股市与股票交易等。随着技术的提高和名气的增加，后又经人推荐，他来到了中关村医院按摩诊疗室。在这里，他为一个患半身不遂的老人按摩，不到三个月，竟然把她治疗痊愈了。这件事曾在医院哄动一时。

2000 年的下半年，经人介绍，于俊海认识了朝阳区的一个做房地产的总经理。他开始接触社会中的一些名流。后来又认识了美容保健院的老板，开始有意识地研究按摩与保健的结合问题，如按摩与减肥，按摩与头部放松等。这些在美容院里得到了有效的实践和推广，赢得了客人的普遍认可，同时也结交了更多阶层的患者和朋友。给社会名人名流做按摩服务，使于俊海获得了很可观的收入。

这时的于俊海，名气和收入都有些令人刮目相看了。然而，他还是总觉得内心有些空，不充实。钱是越来越多了，但并没有从内心发出真正的喜悦。于是他在工作中不断与人探讨，如关爱他人、自尊自爱、自身价值体现等话题。在这阶段，于俊海接人待物能力有了非常大的长进。盲人怎样的人生才算充实呢？只有按摩吗？他把视野投向更新的领域。

2003 年，按摩中一个偶然的机会，经一名患者朋友的推荐介绍，他来到大兴区的绿石公司。当时这家公司主要是制作和安装交通设施，包括隔离墩、限高杆等，以及经营与管理停放发生交通事故被损车辆的停车场。最初于俊海是受聘专职担任公司总经理的生活保健医生。在后来的接触中，他把自己对生活的认识，自己对社会的阅历及积累，公司老总不断地沟通交流，关系越来越融洽，他对于公司在经营过程中一些问题的看法和见解得到了总经理的认可，于是老总决定带着他进入商界，涉足生意场。

刚开始，因为自己有视力残疾，受到过一些人的嘲笑、挖苦，甚至不信任和歧视。他听到过一个瞎子能干出什么名堂的闲话。于俊海也几度萌发过想回去当按摩医生的想法。"但是，我不甘心，是那样的不甘心，我不能退却，开弓没有回头箭，我就是要干出个样来，让你们看看，盲人并不比明眼人差。我不能退却！我又鼓起勇气，硬着头皮坚定地向前冲！"于俊海就是这样冲进了做生意的领域，开始新一轮的生活和工作的打拼。

于俊海的不断进步和在管理方面体现出的才能，不仅得到了客户的认同和尊重，同时也赢得了公司老总的信任，于是决定让他负责主持公司日常的行政后勤工作。从食堂的采买，伙食安排，到公司的宾客接待，甚至是公司一些大型的公关事务也都让他出面参与。不久他担任了公司的后勤办公室主任。

2007 年，公司经营职能转型，增加了新的业务——成立了大型农贸市场管理公司。于俊海又被委以重任——担任了市场常务副总经理。从市场的可行性研究、经营建筑的设计、摊位招商、市场开发运营，于俊海又开始了新的奋斗。经过近一年的努力，目前该市场已初具规模。

2008 年 5 月的一天早晨，我冒着淅淅沥沥的细雨，驱车来到于俊海，不，应该是于常务副总经理工作的地方考察，亲眼看到了于总的办公室，以及他们已经开始运营的农贸市场。"张老师，我不是吹牛吧，您教过的学生里，能做到这些的不多吧！"于俊海不无骄傲地说。真的，不是亲眼所见，难以置信，明眼人都难以完成的工作，竟然被一个只有少许光感的盲人做到了，我作为他的老师，被深深地震撼和感动了！

听于总介绍，这是一个规划占地面积有 100 多亩的大市场，从市场施工工程设计、建筑布局、车辆进出口安排，到市场的启动运营；从市场管理和保卫人员的人事安排，到上报的财务报表等等，事无巨细，这一切都是由于俊海和一个年轻的总经理承担的。这一天恰好是周日，又下着雨，但于总和许多员工并没有休息。为了查看市场的经营情况，检查一下于总取得的实际工作成绩，我请于俊海带我到市场里走走转转看看。打着伞，于总深一脚浅一脚地带着我从水产交易大

SHI SHANG WU
NAN SHI ZHI PA YOU XIN REN
世上无难事，只怕有心人

厅转到肉食经营大厅，再到副食批发大厅、水果蔬菜零售大厅。一边走，于总一边向我介绍。他说，摊位的安排、进货渠道、卫生检疫、产品的质量，作为一名管理者他都要很清楚。既要维护商家的利益，同时，也要维护消费者的利益，甚至还要处理顾客的各种投诉！……

这一切，难以置信，都是一个从盲校毕业的学生正在做的工作，已经做到的工作。这一切是一个付出了常人难以想象的艰辛努力的盲人所做到的工作。作为他曾经的老师，我不禁肃然起敬。

我曾多次和于俊海聊天。我问过他，你是怎样取得现在的成功的？他淡淡地说："成功还谈不上。但我还真有不少感触。在这十多年的工作中，我体会到，残疾人只要努力，其实是可以从事很多种工作的。要用自己独特的方式和人格魅力，要肯于付出、吃苦，甚至要付出比别人更多的辛苦和精力。我就是这样，把职工凝聚在我的身旁，取得领导和同事的尊重和信任，工作才有一点起色，市场才能更好地发展，做大、做强。"

他还动情地说："在我成长的过程中，得到过许多好心人的帮助，小到街道大妈，大到公司老总。我从中学习到他们的优秀品质和奋斗精神。我抓住了每一个机会，然后再充分施展自己的能力。现在，我做管理工作，走上了领导岗位，我仍然保持着亲和的态度，时刻注意与职工和商户的真心相待和沟通。因此，我和他们友好相处，他们也与我和睦相处。这一切与我在盲校学习期间得到的良好教育不无关系。"

于俊海在工作中付出超出常人的精力，同时也不断获得比较优厚的回报。老天对待每个人都是公平的。于俊海在盲校学习期间，不但获得了知识，而且也收获了爱情。他的爱人就是他的同学。他与爱人共同走过了艰难而曲折的成家创业过程。现在他们有了一个上高中的漂亮女儿。他感慨地说，他的每一次成功，爱人都给了他很大的鼓励和支持。他们的生活尽管充满了艰辛，但他们的情绪始终是乐观而又快乐的。

于俊海虽然算不上是什么名人，他自己觉得也很平常。可是，他能够与社会上的各种阶层的人接触、交流，他有许多朋友，他的为人得到人们的尊重，他的能力得到人们的普遍认同。他能够解决好商户与顾客的矛盾，处理好商户、顾客与管理人员的关系，他能够管理好一个有几百家商户的大市场，……

　　我的采访就要结束了。我又一次问于俊海，你认为你成功在哪里？他沉思了一会儿，语气认真而坚决地说："不断总结自己，把人生看成是一种奋斗。要想在社会上拼得残疾人的一席之地，就要脚踏实地去干，去闯！平常人可以做到的，残疾人也能做到！敢于自我挑战，不能自己看不起自己，身体残并不可怕，怕的是思想残。人生要不断追求，残疾人更要追求。残疾人也要活得轰轰烈烈！不管你是平常人还是残疾人，机会对每个人都是平等的。我坚信：机会，眷顾有准备的人！"

　　　　　　　　　　　　　　　　　　　　采编：张淑梅

SHI SHANG WU
NAN SHI ZHI PA YOU XIN REN
世上无难事，只怕有心人

人生的道路漫长而崎岖，我唯有倍加努力，顽强拼搏，并心存感恩，心中有爱，不断克服困难，勇往直前，才能以实际行动回报母校，回报社会。

——齐鸿

▲ 齐　鸿

## 用一生来感恩
### ——盲人按摩医生齐鸿的成功经验

我叫齐鸿，在北京按摩医院从事临床工作，现担任专家科科主任，也是医院最年轻的一位专家，被聘为中国盲人按摩学会理事，曾在国家级、省部级刊物上发表了几十篇论文，其中很多篇论文被评了奖，并参与关于按摩方面的多本著作的编写及许多课题的研究工作。

如果说我取得了一些成绩，最该感谢的是我的母校——北京盲人学校，是它把我领进了按摩行业的大门，是它给了我生活的希望，是他给了我专业的知识和技能，是它把我的人生变得如此丰富多彩、幸福美好。

在盲校学习的两年间，我们不但受到了正规的职业教育，经历了严格的基础培训，更是得到了学校领导和老师亲人般的关怀。

我出生在一个高级知识分子家庭，由于父母当时工作的需要，没有时间照看我，只好把仅4岁大的我，送到了天津蓟县的农村，也是我的老家，那里有我的爷爷、奶奶、叔叔、婶婶，照顾我的任务就交给了他们。然而不幸的事情发生了，灾难就这样不容分说地降临到我头上，一场大病使我眼前的世界变得模糊不清，父母得知后，把我带回了北京，跑遍了中国所有的眼科医院，到处求医问药，想尽了一切办法，尝试了很多偏方，千方百计地想让我的眼睛好起来。但最终，所有的努力都以失望告终。最后的结论是：视神经萎缩、黄斑变性导致双目基本失明。

到了上学的年龄，我进入普校学习，为了我能更好地学习，老师把我的课桌放到了讲台边，父亲给我买来了放大镜，母亲把书上的字，一个字、一个字地写成了大字，抄到了纸上，帮我学习。就这样，我在正常人的学校读到了高一。由于，当时的学习越来越难，可我的视力却越来越差，不管我怎样努力，已经慢慢跟不上这样的紧张学习节奏。这时，我真正明白了盲人和正常人的不一样。是的，每个人都有他自己的梦想，可我不能，因为我是个盲人。我也曾梦想过考大学，当科学家、工程师……可现在的事实证明，我连学都不能上完了，我的一切梦想就这样结束了吗？人生的道路上我又一次感到迷茫，本来就不爱说话的我就变得更加沉默了。家人也为我将来的生活发愁。

在一个偶然的机会，我知道了北京盲童学校（现北京盲人学校），就这样我带着父亲的鼓励、母亲的期望，在金秋的一天走进了北京盲人学校的大门，当时学校正赶上新教学楼投入使用，那整洁的宿舍、明亮的教室、宽敞的操场给我留下了深刻的印象。

"自尊自爱自立自强"的校训始终激励着我在这新的环境中刻苦学习。

我在盲校第一个遇上的困难就是学习盲文，所有的教科书都是盲文的，这对我来说是个难关。因为，我们班的同学都是从小就开始学习盲文，我要赶上他们就要付出多倍的努力，这样才能方便今后的学习。在老师和同学们的帮助下，我用了三天的时间就熟练地记住了55个字母的点位，然而练习用手指触摸却不是件容易的事，不是摸错了字就是摸串了行，摸得时间长了手指头就变得发麻，当然，这难不倒我，别人能做到的我一定也能做到，我觉得这就是一个熟练的过程，只要多练习就能做到，就这样我抓紧所有的时间来练习，每天都要练习到很晚，就连课间十分钟也不放过。通过一个月的练习，我已可以开始看书了。

解剖课是我们所要学的基础课，代课的是曹淑萍老师。曹老师讲课非常认真，对学生的要求也非常严格，为了让学生能够更好地了解

人体的结构，她总是不厌其烦，一遍又一遍地讲解，找来教具让学生看，批改学生的作业到深夜。曹老师因为还负责学校医务室的工作，经常晚上要值班，我就利用这个时间，跑到她那里向她请教不懂的医学知识，老师也总是不厌其烦地给我讲解，要我一定要把基础打好，还告诉我许多做人的道理。

为了能够把人体骨骼弄清楚，我一有空就站在唯一的一具骨骼标本旁，每次都要把骨骼翻来覆去摸好几遍，人体的206块骨头我都能说出它们的特点。为了学好肌肉，我把人体所有的肌肉的起止点及作用整理出来，再逐一背熟。

按摩是主要的临床课，教课的是乔润民老师，也是我们的班主任。他是一位谈吐幽默、知识广博、教学严谨且极具事业心的人。当时没有教材，所以大部分的时间要用来抄笔记，老师一句句地念，同学们一行行地抄，那时谁也不觉得苦，我光是抄笔记就用了四本信纸。我记得一次在上课时，乔老师说："我们永远要以乐观的心态面对一切，我们不比任何人差，记住！我们的手就是我们的眼睛，这双'眼睛'比正常人还多了一个感觉功能呢，这双'眼睛'可以为我们的病人减轻痛苦，我们只要能用好这双'眼睛'，就一定能成为一个造福人类的人，就再也不会是任何人的负担。一定要自信，只要努力就一定会成功。"

当然，自信要建立在坚实的基本功的基础上，所以，必须要学好理论知识。从此，我每天认真学习专业理论，把人体的所有经络、穴位熟背，跟同学一起在身体上找穴并仔细体会穴感。

为了练习自己的触诊能力，我把不穿的裤子缝成口袋，把沙子和树棍儿放进去，练习触摸。随着练习的深入，袋子里的沙子越来越多，树棍儿越来越细，我渐渐练出了感觉。

按摩手法是实施按摩医疗的手段，学好手法是非常关键的，而手法的组成有两个重要因素：一个是力量，一个是技巧。为了练好指力，我每天坚持做五指俯卧撑，还练习插黄豆，为了练习技巧，老师让我回家找个扇子来扇，体会扇扇子时手腕的感觉。我听老师一堂课下来声音都嘶哑了，可老师总是笑着对大家说："只要你们学好了，我就高兴。"就这样我只要有机会就找同学一起练习，在老师的一些方法的指导下，很快我的按摩手法就提高了很多。我认为每天 24 小时对每个人都是一样的，就看你是如何合理利用，我坚信只要付出努力就一定会有收获。

理论课的学习是紧张忙碌的，很快就到了毕业实习，在学校和老师的多方努力下，我们被安排到北京海淀区永定路医院（现在的北京市中西医结合医院）实习。当我第一次穿上白大褂时，心情十分激动，我感到了我的职业是那样的神圣，是那样的伟大。当然，在实习中也遇到了很多困难，例如：当时医院的就诊条件差，没有按摩科，也没有实习老师带领，一切工作全靠我们自己开展。但我们没有气馁，以扎实的专业知识，良好的按摩技术，取得了病人的信赖。刚开始时，一天下来全身酸痛，但每当看到那些患者痛苦而来，欢笑而去时，那还挂在脸上的汗珠和早已酸痛的手指，就全都被喜悦所代替了。很快，我的实习就结束了，在短暂的实习过程中积累了一些临床经验，为今后的工作打下了基础。

毕业时我和班里的同学一起在学校教学楼的东侧种下了一排小松树，随着时间的推移，我想它们也和我们一样长大成材了。

两年的学习很快就结束了，然而就是这短短的两年，使我们学习到专业的医学知识和专业技能，是学校和老师把我们这些无知的少年培养成有用的专业人才，有能力走向社会，实现我们的人生价值。

1985 年毕业后，我来到北京按摩医院工作，当时，有幸拜著名的按摩专家洪学滨老师为师，从事儿科按摩工作，主要治疗小儿脑性瘫痪、小儿肌性斜颈、小儿消化不良等多种儿科疾病，每当我看到家长们那企盼的目光和孩子们那天真的表情时，就从内心中涌起一种要为这些孩子治好病的渴望。儿科疾病的按摩知识在学校学习的很少，我就利用上班时间认真向老大夫学习，下班后我就去书店买来相关书籍请家里人给我念，并把主要内容记录下来，特别是小儿脑瘫这一世界性难题，更吸引我去研究学习，有一位叫徐壮壮的小朋友，在生产时脑缺氧，造成四肢瘫痪，都 4 岁了还不能站立行走，家长带他八方奔走，病情仍不见好转，在我的精心治疗下，3 个月后他可以独自站立，5 个月就能独立行走了。

能够进入大学学习是我一生的梦想，然而因为视力的原因，我曾经放弃了希望，但长春大学特教学院的建立，让我实现了大学梦。1988 年，我以优异的成绩考入了长春大学特教学院针灸推拿专业。怀着一颗激动的心，走进大学校园的时候，学校并不像我想象的那样，由于学校刚组建按摩专业，学习条件十分艰苦，开学初期，缺少教材、教具。同学们和老师一同努力，找教材，做教具，就在这样的学习条件下，刻苦学习。我系统地学习了中医基础理论、临床各科知识、康复医学及预防医学等相关内容，撰写了周易与按摩等论文，为自己今后的从医之路奠定了良好的基础。

1991 年毕业后，我回到北京按摩医院继续从事临床工作，拜按摩专家王建成老师为师，从事伤科按摩。王大夫是我所遇到的最有学识的按摩医生，他虽然双目失明，但他那广博的学识、精湛的医术、高尚的医德无不让我敬佩。在王老师的耐心指导下，我的按摩技术又长进了一大块。有一位患膝关节骨性关节炎的老太太，患病多年且多方求医无效，不能行走和下蹲，每次都是他儿子用自行车驮着他来看病。通过我为她治疗两个月，老太太的病情完全康复，再也不用她儿子用自行车驮着她出门了。还有一位姓高的女士，由于患腰椎间盘突出不能做立即卧床，只有跪在床上才能减轻症状，非常痛苦，通过我的治疗，一周以后就能下地行走，四周以后就痊愈出院。

临床工作紧张而忙碌，每天要接待几十位病人，在工作中，我认真做好本职工作，努力学习专业知识，刻苦钻研业务，勤于思考，勇于实践，临床工作中热情接待每一位患者，耐心解释病情，仔细检查，明确诊断，认真治疗，及时书写病例，对待疑难病例及时查阅资料，向老师请教。2003 年，我担任按摩二科科主任，2008 年担任专家科科主任。多年来，共治疗患者 18 余万人，从未发生医疗纠纷及差错。在临床工作中，通过不断探索，反复实践，认真体会，还总结出了"三结合"的治疗理念以及"筋骨并治"的治疗原则，在运用的过程中，受到了患者的好评，取得了满意的疗效。

医院也承担着代教工作，当我也开始带实习学生的时候，我感到了教师的责任，回想起在学校时老师的谆谆教诲，我也要把知识传授给他们。在我这里实习过的学生已有 100 余人，我都能以身作则地带好每位实习生，根据每位学生的具体情况，因材施教，使在我这里实习的学生的手法和诊治技能在短时间内都有较大的提高，得到了学生的好评。

对于从事临床工作的人来说，不断学习最新的专业知识是不可缺少的，但对于我这样的盲人医生来说，盲字书的种类非常有限且知识陈旧，看书又是一件非常困难的事，以往学习都是要依靠别人帮我读，或是找来高倍放大镜一点、一点地看，非常吃力，随着科学技术的飞速发展，电脑的普及，给我这样的盲人学习生活带来了许多方便，通过参加电脑学习班，我较快地掌握了电脑的基础知识和操作方法，通过语音读屏软件及互联网络，能让我查阅很多相关的医学资料，进行文字编辑处理，大大提高了学习效率。

2003年，在医院领导的不断努力下，我有幸能到北京中医药大学就读在职研究生。这对我来说，过去是想也不敢想的事，然而自己一个盲人要和正常人一起学习，除了视力的原因，年龄和学历也差得很多，我暗暗地问自己能跟得上吗，不过医院为我创造了这个来之不易的学习机会，说什么我也要把它读下来，决不能辜负领导和同事们对我的期望。我买来了录音笔，把上课的录音反复地听，在医院领导的大力支持下，把所用的教材转换成了电子文档。我白天要在医院坚持门诊工作，周六、日上课，晚上回来利用电脑来看书，刻苦钻研各门课程。那段时间我很少能在十二点之前睡觉。就这样，通过我不懈的努力，用了四年的时间，我终于读完了本专业所有的课程，获得了毕业证书。

医学的道路没有止境，在社会高速发展、人们生活水平不断提高的今天，健康对每个人来说就更为重要，这就需要我们这些医务工作者不断提高自身的诊疗技术，以适应人们健康的需要。我利用所有时间和机会，不断参加各种专业知识的学习和交流。我曾多次到河南洛阳盲人按摩医院、新街口医院程氏中医骨科参观学习，还对冯氏新医正骨、盖氏穴位诊断、宫廷整骨、美国的颅骶疗法及整脊疗法进行学习交流。通过学习交流，我开阔了眼界，拓宽了思路，丰富了知识，提高了技术。在2007年，我参加了院《常见病诊疗规范》的修订工作，我根据多年总结的经验，提出很多合理修订建议。

我能有今天的成绩，要感谢带我进入按摩领域的母校——北京盲

人学校。是您，我敬爱的母校，为我指出了一条光明的人生之路。让我从一个自卑的残疾人，成为一个具有硕士学位的研究生；从一个普通的盲人，成为一个小有成就的按摩专家，成为一个对社会有贡献的人。这一切虽有我的顽强刻苦、不懈努力，而更重要的是同我的母校北京盲人学校的领导和老师给予我的关心、鼓励、谆谆教诲是分不开的。是母校为我们在人生成长的关键时刻打下了坚实的基础，是母校给了我们精神、品格、能力和学识，让我们在社会的风浪中勇敢前行。是母校为我们走向社会、踏上工作岗位创造了条件，使我们在工作中能得心应手，有所作为。

人生的道路漫长而崎岖，我唯有倍加努力，顽强拼搏，并心存感恩，心中有爱，不断克服困难，勇往直前，才能以实际行动回报母校，回报社会。

有人要问我用多长时间来感恩，我会坚定的回答："用一生来感恩！"

采编：黄智鹏

# 三、用勤奋谱写自强不息的赞歌

▲ 贾健敏

走自己的路，别在乎别人怎么说。唱自己的歌，别在乎曲调如何。我坚信，大雨过后必有晴空万里，踏过荆棘必是鲜花满地。

——贾健敏

## 面对苦难说：我能行
### ——盲人按摩师贾健敏自述

妈妈孕育了我，给了我第一次生命。但因为家境贫寒，又是生下一个有眼疾的孩子，医生建议把我留在医院做医学实验研究，爸爸把我从医生的怀里抢回了家。爸爸对医生说："我既生得起，就养得起。盲孩子，我也一定能让她有出息!?"这是我懂事后，奶奶后来对我讲的。

也许是还在襁褓中的我就懂得了父亲的话，我酷爱学习。七岁了，我不能和健全孩子一样去学校读书。可是，我太想上学，就趁爸爸不在时，凭着仅有的一点光感摸到学校去听老师讲课。一天下午，在放学回家的路上，一头拉车的驴不知道为什么突然受惊了，拉着车从对面飞奔过来，我还没弄明白怎么回事，就被它踩在了脚下，幸好路上的行人上前拦住了它，否则我就没命了。当妈妈得知我出事后，飞奔而来，把我紧抱在怀里，泪流满面。我还清楚地记得妈妈抽泣着

说："要是你爸回来，可让我怎样向他交代呀！"等我再清醒过来时，依然躺在妈妈怀里，脸上已缠满纱布。家里来了许多人，见我醒了，都争着往我手里塞吃的，还有人问了我许多问题，真是有惊无险，大家见我表现如常才松了一口气。第二天，爸爸向下圣旨一样地对妈妈说："你在家一定要把她看好，绝不能让她再有半点差错了！"就这样我被"软禁"了，半年来从没有一个人出过家门。我好闷，好想再去学校听老师讲课，尽管只能站在窗外听讲，可这一切都不可能了。

"我要上学，我要读书。"每当看着姐姐妹妹们背着书包高高兴兴上学去，我都难过得流泪。妈妈看见了，总是心疼得把我搂在怀里不停地安慰我。姐姐妹妹放学了，我就缠着她们给我读书、讲课上老师讲的知识。可我不能看书，也不能写字，我多么羡慕姐姐妹妹们呀。我梦想有一天，我也能上学。我盼望这一天早点来到。也许是我虔诚的祈祷感动了老天，两年后的一天，小学的校长通知我可以上学了，学校有一位老师能教我学习盲文。我激动得又是蹦又是跳，爸爸妈妈也同意了，而且还给我买了一个新书包。开学了，我和妹妹一同上学去放学回，我跟健全孩子一起从一年级开始随班就读。我终于成了一个名符其实的小学生。我的学习工具很简单：两块上面打了许多小窟窿的长方形木块儿，再加上一盒摁钉。老师把摁钉插在木块上的小窟窿里，让我们摸着学习每一个盲文字母，然后背会记熟。在学校我如饥似渴地学习新知识，回到家里又是反反复复地练习。仅仅用了两周，我就掌握了盲文，能独立地摸读盲文书。"一寸光阴一寸金，寸金难买寸光阴"，坐在一年级的教室里，我比其他同学高两头。我懂得我失去的时间太多了，这难得的学习机会对我来说是多么的宝贵。我抓紧一切时间来读书，寒暑假，其他同学捉迷藏、捉蚂蚱、粘蜻蜓玩要时，我坐在小凳上，趴在炕沿上，继续学习下一个学期的知识。就这样，小学六年的功课，我三年就学完了。我渴望在知识的海洋里遨游，可是，我到哪里读中学呢？难道我的学业就这样结束了吗？"我要上学！"这句话在我心底无声地呐喊着，委屈、无奈的泪水顺着面颊流下来。原本活泼开朗爱说爱笑的我沉默了。每天，我除了读书就是写字，全家人都为我着急。离开学校的那段日子里，我完全靠摸读《盲童文学》来度日子。突然一天，北京市盲人学校的名字从我口中读出，北京有盲校！这消息令我们全家人激动不已。第二天，爸爸就开始为我去北京上学而奔波了。一切都是那么的顺利，我能上学了，到北京上学。兴奋之余我又有些担心：这一去，又不知道要花掉家里多少钱。爸爸知道了我的想法，半是安慰半是命令地说："去吧，只要有出息，爸供你一辈子。不学出个样子别回来见我！"听了这话，我含着泪向爸爸表决心说："好，我去。您在家等我，学成后回来接您到城里享福去。"

　　1994 年 5 月 18 日，温暖的晨光照在身上，我和妈妈乘着北上的列车来到了北京市盲人学校。当时，我插班在小学三年级。老师说如果我肯努力，还可以让我跳级。在这里，终于让我没有了残疾人的负担。全学校的学生都是盲人。我们一起学习，一起生活，互相帮助很是融洽。不过，唯一让我犯难的是我不会英语和珠算。幸好我当时的班主任和一位老教师来为我解了忧，她们一位为我补习英语，一位教我打算盘。很快，在老师和同学的帮助下，我的学习成绩赶上来了。48 天的学校生活就要结束了，经过努力，除了英语不及格外，其他学科成绩都在 95 分以上。暑假期间，我苦学英语，一个多月的时间就学完了一本书，把落下的课程完全补回来了。开学后，老师组织了英语单词百词考核，我居然得了满分，这更坚定了我能行的信心。我积极参加了海德里盲人学校中国福州分校举办的免费函授英语课程的学习。我酷爱写作，总是愿意把自己的感受写下来，老师总是耐心地给我指导。我的文章《一个盲童的心声》在《北京日报》小苗版刊登，《长大我想当作家》获得全国方树福杯三等奖。为了追回失去的时间，我连续两次跳级。我在学校的每一天都是那么充实，那么快乐。只要能学习，生活中的苦就算不了什么。为了给家里减轻负担，我给自己规定每月的生活费不能超过一百元。一天中午，学校食堂做了炸带鱼，几乎每一名同学都买了。老师在巡视时发现我没有买，就问我："你怎么不买带鱼呀？是不会吃吗？"我含笑不语。老师接着说："吃带鱼其实挺简单，只要把它中间那根刺去掉就不会扎到你了。"好吃的东西谁不喜欢吃，而一份炸带鱼就要 6 元，这是我两天的生活费呀。尽管每天我都买食堂最便宜的菜吃，但我的心里感到无比的幸福，我珍惜

这来之不易的学习生活。

　　除了完成必学的课程外，我还积极参加学校的兴趣小组，合唱队、器乐队、体育队都有我的身影。在器乐队，我学习民族乐器笙。笙吹起来的时候声音很大，为了不影响同学们学习，我就到大操场上练习吹奏。冬天手冻僵了也顾不得暖一暖，夏天任凭蚊虫叮咬也顾不得躲一躲。体育队的训练更是常人难以吃的苦。每天，我们都要比别的同学早起一个小时，在操场上跑 15 圈后，再进健身房继续训练。起初，我真有些吃不消，全身肌肉剧痛，连上下楼都很困难。但我咬牙坚持着，把它当作对自己意志的一个磨炼。训练强度最大的一次是在石景山体育馆集训备战 1996 年全国残疾人运动会。我们的对手是参加过国际级比赛的大连队和身高体壮的河南队。尽管面对强敌，我们只有三个月的集训，但我们决不气馁。400 米跑道，半小时 15 圈；18 米长 9 米宽的场地一遍遍的摸爬；再加上各种动作的强化训练，每天训练结束，我们晚上睡觉连身都不能翻。但此时我只有一个念头：一定要坚持，决不辜负老师对我的信任和同学们对我的希望。我们坐飞机抵达比赛地点大连市，这是我第一次出远门，第一次坐飞机，也是第一次参加这么高规格的比赛，我新奇、兴奋、紧张。带队的老师和队友们细心地照顾我，让我有了一种在外如家的感觉。这更坚定了我当好中锋，守住大门的决心。比赛开始了，赛事很激烈，我左扑右挡地在场上照顾另外两名队员，争取能多进几个球。第一场比赛结束，我们虽以一球之差落后于大连队，但发挥出了平时训练的水平，我们比较满意自己的表现。高兴之余，我才感到了疼痛。我的膝盖在比赛中受伤了，比赛时，我没感到疼，赛后疼痛难忍，我是硬挺着回到住处，此后的几场比赛都是忍痛坚持下来的。在大连参加比赛的日子里，虽然吃了不少苦，但我收获也很大，也得到了北京市副市长何鲁丽、中国盲协主席滕伟民等领导的深切关爱。比赛圆满结束了，我们队获得了铜牌。

　　在北京盲校的日子是快乐的、紧张的、短暂的，我曾经多么盼望早一天毕业，早一点减轻压在父母肩头的生活重担，然而，当这一天真的来临时，我又是多么地眷恋这里。可敬的老师，可爱的同学，熟悉的教室，熟悉的校园，在学校生活的一幕幕都涌现在脑海中，我又落泪了。在这里我收获了知识，磨炼了意志，更收获了自信。我坚信：世上无难事，只怕有心人。

2000年3月，我到保定市按摩医训班学习。学中医是很枯燥的，学按摩又是很辛苦的。除了掌握好理论知识外，练好按摩技能更是以后谋生的基础。课余时间，除了和同学结伴互相练习手法外，我还在宿舍的枕头、床板、床栏杆等物件上反复练习各种手法。日复一日地苦练，手指练肿了，无法拿勺吃饭；肘关节练出了血，伤口发了炎。坚持，坚持，再坚持。三年后，我以优异的成绩从保定市按摩医训班毕业。

手捧烫金的毕业证书，我的志向再一次敲击了我的心门：开一家盲人按摩店，实现我对父亲的承诺。于是，我和男友一起为筹备小店四处奔波。为了找一个合适的门面，我俩在半个月的时间里徒步寻找了近三分之一个石家庄市，脚磨破了顾不得停下来歇一歇；腿磕伤了顾不得坐下来擦一擦血。工夫不负有心人，我们的小店终于开业了。第一天开张就来了一个开门红。晚上我俩打烊后一起回忆着以前吃的苦，享受着成功的第一步，憧憬着小店美好的未来。开业两年来，我们以高尚的医德、精益求精的医术和质朴的为人作风，赢得了前来就诊患者的一致认可，还用我们的辛劳所得给爸爸建起了一个养猪场。有了我们的帮助，家里的生活也渐渐变得富裕了，也能经常听到父亲爽朗的笑声。小店开业三年周年的日子，也是我和丈夫大喜的日子。有很多客人参加了我们的婚礼，他们不仅给我们带来美好的祝福，还为我们准备了婚车，昔日曾嘲笑我们瞎的村民对我们也另眼相待。

为了事业有更大的发展，我和丈夫再次来到北京。我们卧薪尝胆打工三年，终于有了属于自己的店。2005年1月8日，这一天是我一生都无法忘记的一天，在首都北京，我有了一家真正属于自己的店。我们依然遵循以往的经营理念，把小店经营得井井有条，生意也日益兴隆起来了。随着业绩的不断增长，我们的小宝宝也即将出世了。2005年10月26日，我们的女儿出生了，取名李怡童，希望孩子有一双明亮的眼睛，并希望她的一切都能蒸蒸日上。

回首自己走过的路，有泪水，更有汗水，也有苦水。我感谢苦难，

它让我变得更坚强。听着爸爸妈妈哄逗孩子时欢愉的笑声，听着孩子奶声奶气地唤着"妈妈，妈妈"，我感到自己肩头的责任很重。我有一个人生格言希望能与大家分享："走自己的路，别在乎别人怎么说。唱自己的歌，别在乎曲调如何。我坚信，大雨过后必有晴空万里，踏过荆棘必是鲜花满地。"

采编：付雪松

如果说世界是由色彩和声音组成的，那么，我只拥有世界的一半。但是，不能因为只叹息失去的，而忽视了所拥有的。因此，我要用心寻找光明，使自己的世界变得更加完整。

——李珍

▲ 李　珍

## 用手触摸世界　用心寻找光明
### ——记中国盲文出版社副编审李珍

　　"如果说世界是由色彩和声音组成的，那么，我只拥有世界的一半。但是，不能因为只叹息失去的，而忽视了所拥有的。因此，我要用心寻找光明，使自己的世界变得更加完整。"这是多年以前面对记者采访时我曾经说过的一段话，这也成了我几十年的人生轨迹——

　　我是1973年2月进入北京盲校的。由于先天失明的缘故，没有接受过学前教育，头脑中没有任何文化信息。刚接触盲文的时候只感觉摸到了密密麻麻的一片点子，根本分不出点位，于是，我的启蒙教育就在老师手把手的指导下开始了。

　　记得我的第一任班主任赵保清老师是一位盲人中年女教师，她以自身的经历告诉我们，盲人只要好好学习、不懈努力，将来同样可以成为对社会有用的人才。于是我幼小的心里暗下决心，一定不辜负老师和家长对我们的希望。生活老师从叠被洗衣、熟悉生活环境等方面耐心教我们。曹永安、赵川兵、车雅萍等其他任课老师也都配合班主任在生活、学习和思想上处处关心我们，并想方设法为我们制作一些教具，以弥补视觉障碍给我们的学习带来的不便。经过一段时间的刻苦练习，我终于掌握了盲文，并在班里成为摸读速度最快的一个。第

一批加入了少先队，第一学期就被评为三好生。二年级开始担任学习委员，后担任班长。在学习上，不仅一直保持成绩优秀，还经常利用课余时间帮助其他同学，并配合老师抓好班里的学习工作。在老师的鼓励下，我曾站在讲台上给同学们讲解数学，既为同学树立了榜样也锻炼了自己的能力。我在学校组织的数学比赛、诗歌朗诵比赛中多次获奖，受到了老师和同学的好评。我的作文常被老师当作范文在班上讲评，这使我很快地进入了学校广播站，成为一名宣传员。每次播音之后，很多同学都来和我谈论着播音的内容……我心里又计划着下次的编辑和播放。因我用心地工作为同学们带来快乐，所以经常得到老师的表扬："采编播工作做得很好。"

很快我升入了中学，齐玉达老师是我初中阶段的最后一位班主任，也是当时的教导处主任，他对我的思想和工作能力给予了父亲般的指导。1980年12月我光荣地加入了共青团。1981年6月，我以优异的成绩初中毕业了。当时有一位老师希望我能继续学习高中课程，愿意为我联系附近的六一中学去旁听高中语文，但由于住宿条件的限制没能实现，我只好依依不舍地离开了母校。

1982年9月，我考入了母校的按摩培训班，开始了为期两年的专业学习。由于身体瘦弱，为提高身体素质，准备胜任将来的按摩工作，我制定了每天锻炼身体的计划，并严格执行。在努力掌握专业知识的同时，担任了班里的团支部书记和学校团总支委员工作，锻炼了自己的社会工作能力。关明哲老师担任我们的语文和历史课的教学工作，他是后天失明的，学识渊博，工作认真。为了让我们学好古文，他用微弱的视力查阅了大量的资料，我和几个爱好古文的同学经常聚在他的宿舍里"开小灶"，占用了他许多休息时间。离开学校的前夕，他给我们写了四句诗："攻书求艺自多艰，冷暖心藏怀远天。它日回春凭妙手，迎来尊重莫需怜。"这语重心长的话语让我至今难忘。

回顾十年的在校生活，母校对我的培养和教育使我受益终身。是母校给了我良好的启蒙教育，不仅使我学到了文化知识，还教会了我如何做人、做好人；是母校把我从一个不懂事的盲孩子，培养成为一个心中充满光明、对前途充满信心的优秀毕业生；是母校的集体生活锻炼了我的生活能力，为走向社会打下了良好的基础，成为对社会做出应有贡献的有用之才；同样，也是由于母校的熏陶，我在走向社会后，可以从容地面对一切艰难坎坷，去战胜一个又一个困难，取得一个又一个成绩。可以这样说，母校在我心中的位置——永恒！

1984年，经盲校老师的推荐，并经过严格考核，我被中国盲文出版社录取，成为一名盲文出版工作者。每当想起这段往事，我都会心存感激地想："我是不幸的，因为我一出生就只能用触觉来感知世界；我又是幸运的，因为命运让我拥有了一份适合并真正属于我的工作。我无以为报，只有更加刻苦勤奋地学习，不辜负生活对我的眷爱。"

中国盲文出版社所面对的读者群是全国盲人朋友，因此对编校人员的要求比较高，除了基本的编辑校对知识外，还需要对文学、美学、科技等其他相关方面有全方位的了解。虽然我在学校时是个尖子生，但走上工作岗位后却时常感到知识的匮乏。这时，我才醒悟到自己应该"充电"了。

1985年，我参加了由中国残联和中华律师函授中心共同举办的为期两年的大专班学习。这是一次盲人难得的机会，经过学习，完成了学业，获益匪浅，也为今后的自学打下了良好的基础。

1988年，得知北京市高等教育自学考试不受身体条件的限制，并特地为盲人敞开大门，我下决心参加自学考试，报考中文专业。从此，踏上了艰难的自学之路，用自己的汗水和艰苦的劳动寻找世界的另一半。

生活中的难题，我都能一个个化解，令我感到最困难的就是参加自学考试了。然而，在自学考试中，我并没有被困难吓倒，比别人多的就是加倍的刻苦。先天失明的我对汉字没有一点认知，加上自学考试没有盲文教材，就只好求助别人把教材录下，自己一遍遍地听。为了听辅导课，不论酷

暑寒冬，都要去北师大录音，回来后自己再写成盲文笔记。笔记摞在墙根有几米高，我的手指也磨出了厚厚的茧。至于为此而流了多少汗水，付出多少艰辛，则无法计算。仅专科考试的教材就有300多万字，每天晚上都要听着录音抄写三四个小时的笔记

学习难，参加考试更难。平常考生一个步骤就能完成的试卷，我却要经历听、记、答、读四个步骤。考场上，监考老师把题念给我听，我把答案写成盲文，然后再把盲文口述出来，录到磁带上，只能一次成文，无法检查对错。由于考试时间有限，只好放弃一些题目。即使这样，在考《古代文学作品选》时，我仍以87分的成绩，位居1993年该科北京市考分第一。判卷老师大感意外，没想到成绩最好的竟然是个盲人，于是又和几位老师把我的考试录音从头到尾听了一遍，这才确信成绩是真实的。

梅花香自苦寒来，像我这样一个来到世间就没见过光明，更没有学过汉字的盲人，居然仅用五年的苦学，就通过了高等教育自学考试中文专业专科阶段的课程，而且是全部一次通过，是老师的赠言激励着我前进的脚步。

中国盲文出版社是以出版盲文书籍为主的出版单位。因此，盲文书籍的出版等一系列工作便成了出版工作的重中之重。对工作我总是勤勤恳恳、兢兢业业，不计时间和报酬，只要我能做到的，都要尽心尽力，希望能用自己的微薄之力使更多的盲人朋友获得知识与力量。这些年来经我编校的书籍不计其数，有盲文教材，有中外文学名著，如《简·爱》、《巴黎圣母院》、《红楼梦》，还有文学刊物《读者》、《小说月报》及《大众医学》等各类书刊。我每天要校对两万多字，常常把急于完成的稿件带回家来做，用一双手轻柔快速地在一张张盲文纸上娴熟地"浏览"着，恰如行云流水一般。此时，我如醉如痴地投入在一片光明的天地之间，也以此将内心的爱和世界的光明带给更多的盲人朋友。一本90万字的《红楼梦》，变成盲文就成了厚厚的17大本。

近十年来，我主要从事盲文通读即责任审校工作。这是校对的最后一个环节，直接关系到出版物的质量。我在这个重要的工作岗位上，不仅得到领导的信任，而且还保质保量地完成了任务。

《建设有中国特色的汉语盲文》是我国盲文的创造者、改革者黄乃先生的一部力作。这是中国盲文出版社第一部用汉语双拼盲文缩写出版的书，难度很大，不仅要熟记大量缩写符号，熟悉缩写规则，还要掌握"哑音定字法"。我负责这本书的通读及处理作者审校后需要修改的部分，在通读过程中，经常和改版人员一起一字一句的改，还不断向黄老请教，并根据自己在使用双拼盲文过程中的体会，向黄老提出了自己的见解，终于圆满地完成了任务。

2002年7月至2003年1月，我和一位同事校对软件开发专业版综合词库。这是一项非常艰巨的任务，直接关系到中国盲文出版社与中科院华建集团共同开发的"阳光"专业版软件的质量。这是一个拥有十万个词条的大型综合词库，不仅要求校对者谙熟盲文的分词连写，同时也要具备广博的知识。我与合作者认真地校对每一条词语，对多音字在词汇中的应用经常反复推敲，并查阅了大量的工具书，以求准确，终于出色地完成了任务。

为了使"阳光"专业版软件尽快运用到盲文译制工作中，所有校对人员都参加了测试与培训，领导安排我第一个去学习，在较短的时间里掌握了软件的使用，并提出了自己的建议。

《新编成语多用词典》是中国盲文出版社近年来出版的一部工具书，由我负责审校，出版后，广大盲人读者争相借阅。

经过努力，我从最初的助理技术编辑已升为高级职称的技术编辑。特别是自2004年被聘为技术副编审以来，在老的盲人高级技术人员相继退休的情况下，我感到自己肩上责任的重大。作为高级职称人员，我认为不仅要做好本职工作，还应该积极发挥业务骨干的作用。每当有人问到有关业务问题时，我都认真予以解答，对于需要考证的问题就认真查阅资料，甚至把问题记下来回家上网查找资料，直到解决为止。即使不是我通读的书，我也经常和有关人员一起协商处理一些业务问题，并经常发现原稿中的一些错误，及时与编辑部门和盲刊编辑部联系，予以纠正。

2006年年初，社里计划出版《现代汉语小辞典》，在多次召开的业务研讨会上，我能认真思考，积极提出建议。领导把辞典的通读任务交给了我，作为技术副编审，接受这样的重任是义不容辞的责任。

要在不到两个月的时间里通读完近百万字、十二分册的词典，工作量相当大。质量也不容忽视，由于没有固定人员为我查书，我就把原稿带回家，让家人帮我查，遇到原稿中有问题就及时与编辑沟通。在这期间我天天都读到晚上十一点，第二天还要跟录入人员一起改错，以便及时将样稿提供给制版人员。经过一番努力，终于在不到两个月的时间里提前完成了任务。

通过参加自学考试，我的知识水平有了很大的提高。我把所学的知识运用到工作当中去，提高了业务水平，成为单位的业务骨干。同时，我还利用业余时间进行文学创作，得到了社会的承认。我撰写的稿件先后在《中国电视报》、《北京日报》、《北京青年报》、《北京晚报》、《北京工人报》、《现代教育报》、等报刊上发表。我的散文处女作在《北京晚报》发表后，又被中央人民广播电台做成配乐诗朗诵，由著名播音员萧玉朗诵。《感受实话实说》一文还在中央电视台征文比赛中荣获三等奖。《自学考试圆了我们的大学梦》获"北京市高等教育自学考试20周年征文"一等奖。《信息无障碍助盲人美梦成真》在2006年底中国十大网站举办的"我的中国梦"征文中获得优秀奖。2000年，在阳光软件还没有问世的时候，我在《北京晚报》"前景周刊"栏目上发表了《给我眼睛的电脑》一文，得到了专家的好评。我在文中对盲人操作电脑做了展望，提出了要求。所幸的是，一些功能都在阳光软件应用后得到实现。

多年来，我的自学事迹数次被电台、电视台、报纸杂志、网络等媒体报道，有的报道已成为教育传媒鼓励自学者的典型事例。其中，《北京日报》在"人物专访"版中以《光明的事业——记盲文技术编辑李珍》（1999.7.23）为题做了报道。《考试》杂志（2004.6）以《用心寻找光明——记中国盲文出版社副编审李珍》为题，做了长篇报道。《现代女报》（2002.8.2）也对我和我爱人的自学事迹做了详细报道。此外，中央电视台《半边天》栏目、中央人民广播电台《残疾人之友》栏目、北京电视台《电脑时代》、《北京您早》栏目，以及北京电台、新浪网等都曾进行了多方位的报道。

在通过五年的自学获得梦寐以求的大专文凭后，我并没有过分激动，而是把它看成是人生道路上的一个加油站。我认为，自己历尽千辛万苦所追求的并不仅仅是这一纸证书，更重要的是自我完善和自我肯定的过程，以及知识的积累、修养的提高。我从不放弃任何学习的机会，从各个方面不断猎取知识。盲用阳光语音软件问世后，我通过不断学习应用，同许多盲人朋友一样，走进了信息无障碍时代。现在，我已能熟练地打字、读书，上网浏览、查阅资料。近年来，我又报考了自学考试中文专业的本科考试，所考过的课程又是全部一次通过，只剩下最后一门英语的考试。面对这样一个拦路虎，我坚信自己一定有能力去早日攻克它。

回顾自己的成长历程，从一个先天失明的盲童，到一名目前盲文出版社在职盲人中唯一的高级职称人员，我感觉这是一个不断学习，不断充实，不断完善自我的过程。因为通过学习，心中的世界变得更加丰富多彩。

如今，每当我坐在办公桌前用双手触摸着盲文书籍工作的时候，似乎觉得自己已经圆了少女时代的音乐梦了。那一行行盲文，恰似一排排琴键，而我，在用自己的心弹奏出一曲曲美好的人生乐章。我坚信，人只要有梦想，就应该去追寻，而这个过程就如同从黑暗找到光明。心中有一片光明，世界就不再黑暗！

采编：何红霞

付出和收获从来都是对等的，一分耕耘一分收获，只要有奉献就一定会有收获，这是一个不争的事实。

——赵占生

▲ 赵占生

## 用勤奋谱写自强不息的赞歌
### ——把一生献给盲文出版工作的赵占生

我于1959年上小学，上的是超龄班，一年要完成三年的学习任务，1963年六年级毕业。那年学校刚成立中学，我有幸考入初中，1966年初中毕业，在校待业三年半，1969年12月27日分配在房山盲人工厂工作。

## 一、在盲校的日子

记得刚上学时，我的口音很重，因为我是河北省新城县人，从小生活在农村，没有出过家门，因此方言土语很浓，同学们都笑话我，有的还学我说话，所以我不敢与人交流。在这种情况下，我很着急，听到同学们有一口流利的普通话，我非常羡慕。我的发音很不标准，这是学习上的一大障碍，我要突破重重困难，征服语言这道难关。于是我就利用课余时间多读书，多听广播，鼓足勇气给小同学讲故事。我就这样坚持不懈地努力，加上老师的耐心指导和同学们的热情帮助，终于攻克了语言这道难关。大约经过两个月的时间，我就能用流利的普通话与人交流了，我想要克服语言障碍，就要多读，多听，多写，多背。

　　学校为了培养学生的动手能力，为今后参加工作和独立生活打下坚实的基础，每周安排两节手工课，内容有：编笊篱、筛子、文具箱、纸篓、炉档、草帽辫、草篮，用小线织网兜，用玻璃丝编书包，用毛线织毛活等等……

　　这些内容非常好，很适合盲人干，唯独织毛活成了我的一大难题，一点儿基础也没有。上课时老师反复讲述织毛活的要领，手把手地教我们，有的同学学得很快，没多长时间就能织出成品了，可是手笨的我连上下针都织不好，不是松就是紧，织出的东西不成样子，于是我就利用课下时间，反复练习，织了拆，拆了织，毛线经过多次拆，后来都不能用了。失败了再重新来，困难难不倒有志气的人。经过刻苦练习，在期末考试中我织的毛活都达到合格标准。小毛裤、毛背心、毛手套、毛袜子，我都会织。教手工的李秀英老师还把我织的小毛裤拿到学校作为样品展览。

　　除此之外，我还有很多社会工作，我是图书馆的管理员，一干就是六年。我经常利用晚上和节假日，在图书馆里整理图书，九个书架子都编好号码，把图书分成类，把不同的书分作不同的架子，用凸凹的方式整整齐齐地摆放在书架子上，借书时，就可以准确无误地找到书，又可以节约时间。时间长了，书借的次数多了，不可避免地要出现破损的现象，我把破损的图书挑拣出来，放在一边，从家里拿来糨糊和针线，把书的封面粘好，把散了的书一针一线地订好。这样可以延长书的寿命，又可以废物利用。

　　我还是青年队的大队长，在团组织的领导下，除了做好思想工作之外，我还带领大家围绕学校的中心任务，开展一些活动，如：挖树坑、种蓖麻、打扫厕所，用压水机给厨房压水，给饭厅擦玻璃、扫地，新学期开学后，新生对环境不熟悉，我们就去宿舍给小同学送洗脸水，还帮助退了休的老职工挑水，买东西。学校有治保组，很多大同学都是治保组的成员，我们协助老师做好学校的安全保卫工作，晚上和老师一起查宿舍，使大家能按时休息。

　　这些社会工作，可以培养学生的工作能力，为以后走向工作岗位打下牢固的基础。社会工作多了会不会影响学习呢？我想是不会的，工作多了会有压力，但是工作多了也会有动力，对学习只能起到促进作用，付出和收获从来都是对等的，一分耕耘一分收获，只要有奉献就一定会有收获，这是一个不争的事实。

在学校期间，我时时处处严格要求自己，自觉遵守学校的各项规章制度，是老师的得力助手。由于品学兼优，我得到老师和同学的一致好评，每学期都是优秀生，1964年和1965年还连续两次被海淀区评为社会主义青年积极分子，期末总评成绩都是五分。我曾任班长、支部委员、图书馆馆长、青年队大队长。这里的一切都渗透着老师们的血汗，老师传授给我们知识，在生活上无微不至地关怀我们，在政治思想上热情地帮助我们，教我们如何做人。记得我们班有个同学得了胃病，车雅平老师不分白天夜晚，不厌其烦地又送水，又喂药，就像个大姐姐一样。还记得1959年9月1日开学后，一年级的新生刚入学，从未离开过家门，夜里在宿舍里大哭，赵秀琴老师与何淑英老师就把那个小同学抱到自己宿舍里睡觉，我们的老师对待工作具有火一般的热情，他们把全部心血都用在盲教事业上，老师的一言一行、一举一动都为我们做出了光辉的榜样。"春蚕到死丝方尽，蜡炬成灰泪始干。"老师像蜡烛一样，点燃自己照亮别人。

## 二、在房山盲人工厂的日子

1969年12月27日我被分配到房山盲人工厂工作，那是在地图上找不到的一个叫牛口峪的小村庄。在工厂里我编笊篱，做铁锅把，整天和烂铁丝废铁片打交道，离北京城里很远，交通很是不方便，厂里设备很简陋，车间里只有几把钳子和几把锤子，连一台像样的机器也没有，完全是手工操作。白天当车间，晚上当宿舍，睡的是大连铺，取暖用的是土炉灶，烧的是湿煤。我们这些刚刚毕业的学生也不会拢火，火老是灭，天天呛得喘不过气来。厂子四周连围墙也没有，地面坑坑洼洼，高低不平。初到房山人生地不熟，交通太不方便，在学校时，出门都是油漆马路，很平坦，不用盲杖就能走路，可是到了房山离开盲杖就寸步难行。去房山城里看病、买东西，一次要走五六里路，路上崎岖不平，路旁还有深沟，十分危险。

记得有一次，我和另外一个同学从家回来，正赶上下大雨，晚上七点多从房山下了车，一路上都是大泥塘，深一脚浅一脚地走着，没边没沿的，路上一个行人也没有，约摸到了后半夜了，遇上村里一个赶马车的人，这才找到路，到了单位，一听半导体，才恍然大悟，已经清晨四点多了。还有一次，那是1970年的正月初三，那年从北京城里回房山，下了长途汽车，还有五六里路，快到单位时，要经过一条小河沟，上面隔着小木桥，桥上没有栏杆。刚到桥上有好几个女同学都掉在水里了，棉衣都湿透了。条件差，困难多，这是个事实，既来之，则安之，我要面对现实，只能让人改造环境，不能让环境改造人。我自己是个团干部更有责任配合领导为厂子的发展贡献自己的一分力量，因此我总是脏活累活抢先干。1970年1月领导决定修建厂房，需要一些石头，号召大家就地取材，从山上往下运石头，我毫不犹豫地报了名。天气十分寒冷，手脚冻得麻木，山坡很陡，一不小心就会连人带石头一起滚下去摔伤，甚至有生命危险。但我毫不畏惧一连干了三天，终于完成了任务。

　　1973年，我结了婚，爱人在延庆县盲人工厂，我们很少在一起。我们两个星期休息一次，延庆县盲人工厂一个月休息一次。1975年，组织上为了照顾我们的生活，把我爱人调到房山盲人工厂工作。1976年，妻子生了一个活泼可爱的小男孩，给我们全家带来了欢乐。孩子一岁时，我母亲身体不好，带不了孩子，我们只好把孩子带到房山自

己带。孩子没病还好，孩子一生病，我们就万分焦急，感到束手无策。孩子有病时，我们就从药店里买来婴儿安放在小匙里用白开水拌匀，我抱着孩子，我爱人用手摸着孩子的小嘴儿慢慢地灌进去，经过几次孩子也就习惯了，后来，只要我一抱住他，他自己就张开小嘴儿，很容易就把药灌进去，这可能是天性吧，可能知道爸爸妈妈眼睛看不见吧。

随着厂子的发展，人员的增多，1973 年，厂房迁移到岳各庄。我在房山盲人工厂工作了 9 年，年年都被评为先进生产者，1970 年、1971 年连续两次被房山县评为先进工作者。

## 三、在装订车间工作的日子里

1978 年 12 月，中国盲文出版社成立，因工作需要，组织上把我和爱人一起调到盲文出版社工作。一到盲文出版社，领导把我分配到装订车间工作，我很高兴，因为我想无论干什么都是工作的需要，干一行就要爱一行，干一行就要钻研一行。刚一接触装订工作，我觉得很简单，插页、配页、折页，没什么技术。可是一实践，才知道不是像我想象的那么容易。首先，我这双过去同铁丝、铁片打惯了交道的手发硬，插起页来很不灵活，眼见老师傅们的插页技术是那样的熟练，插起页来只听得书页发出快而有节奏的沙沙声，我心里很着急，恨不得一下子把所有的技术都学到手。我想要为盲文出版社也贡献一分力量，就要尽快地掌握业务技术，于是就下苦功练习，不论是工间休、午休我都不休息，抓紧点滴时间练习配页、折页，晚上回到家里还抱着书练习直到很晚。这时老师傅们对我也给予了热情的帮助和指导，他们手把手地给我矫正姿势，耐心地讲述要领，使我很快地掌握了插、配、折页的基本技能。经过老师傅们的帮助和自己刻苦的练习，我的技术越来越熟练了。在 1980 年的调节考核中，我的调量、质量、数量都达到了合格标准。我们的插页日订页是两万两千印张，我已达到三万多印张，插页日订页是 4500 印张，我也超了 2900 印张，考核取得了比较好的成绩。通过工作实践，我深深感到装订工作是盲文出版事业不可缺少的一部分，只有学好装订技术，才能更好地为全国的盲人读者服务。

为了多出书、快出书，尽快把书送到读者手里，我经常义务加班加点，有时赶急件，任务紧张时，就索性住在车间里，好利用早晚时间多干点儿活。我坚持出满勤干满点，到出版社后我一直都是全勤。然而这个全勤是不容易的，我家住在广渠门，工作单位在卢沟桥，每天往返几十里路，路上要换几次车，花费三个多小时的时间，很不方便，特别是赶上雪天，走起路来更是困难。有一次下大雪，我和爱人五点钟就从家里出来了，路滑车挤，我们干着急，车就是开不动，等到我们踏着厚厚的积雪，深一脚浅一脚地赶到单位，已经快十点了，累得浑身是汗，喘息未定就立刻干起活来。当我们遇到这样的困难时，就互相鼓励，共同克服困难。我们想：双目失明给我们带来许多这样或那样的困难，然而我们都是共产党员，不论遇到什么困难，都要坚持出勤。有的同志关心地问我："难道你家就没什么事吗？"我说："怎么会没有事呢？"1979年底，因小孩感冒咳嗽，还没到放假的时候，幼儿园的老师就把孩子送来了，当时，家里人都在上班，没人照顾。我真想请假照看孩子，可是一想到车间里同志们正在为完成全年的生产任务而紧张地工作着，如果我请假，车间里就少了个人手，其他同志的负担就会更重了。在这关键时刻，我不能请假，于是就托亲戚帮忙照看孩子，自己坚持上班。1980年5月，当我听到母亲患了癌症，而且已经晚期扩散的噩耗，感觉真像晴天霹雳。即将失去亲人，再想到随之而来的沉重的生活负担，我整夜睡不着觉，多么想跟母亲多待几天呀！可是想到车间里人员少，任务重，假如印出来的书不能及时装订成册，拖一天时间，读者就要晚一天读到书，我就咬着牙忍住悲痛，照常上班。母亲也支持我这样做，所以直到母亲去世，我没请过一天假。

1979年我社建立工会，大家一致推选我担任工会组长的工作。刚开始选我当组长，我很有顾虑，觉得自己刚调到这个单位时间不长，不了解情况，恐怕在工作中发生问题。这时领导和周围的同志们都鼓励我要勇于挑重担，大胆开展工作。于是我下了决心，要尽力做好这项工作。平时我主动关心组里同志的生活，协助车间负责人做好思想工作，有的同志闹不团结，我耐心地劝解，有时还到他家去做工作，

促进同志间的团结。车间里有个同志纪律比较涣散，经常和同事闹纠纷，甚至动手打人，对于这样的人，我没有疏远他，而是接近他，帮助他。我一方面对他的错误、缺点进行严肃地批评，使他认识到自己错误的严重性。另一方面，关心他的生活，听说他的孩子有病，我就登门看望；得知他的孩子因为断奶而消化不良，长疮，我就从城里买来小儿消化丸送给他。当他接过药时，感动地说："赵师傅，谢谢您，以后班里叫我干什么，我就干什么，看我的实际行动吧。"后来，那位同志工作认真，确实有所进步。当然，这不是我一个人的功劳，是其他负责人和周围同志们共同做工作的结果。以前车间里有个不好的风气，好的不能表扬，差的不能批评，否则就会遭到少数人的反对。根据这种情况，我们商量，从工会的角度，通过表扬好人好事扭转这种不良风气。我抓车间里老师傅和青年人中的好典型，陆续写了表扬稿，在全社广播。例如：有个老师傅业务熟练，生产积极，月月超额完成任务，让他带徒弟，他就毫不保留地把技术传授给青年人，对于这样的生产骨干，就要理直气壮地加以表扬。有个青年好学上进，不到半年时间就超过了老师傅，同时积极要求进步，不加入了团组织，对于这样青出于蓝而胜于蓝的好的青年典型，就要大力提倡和表扬，这样做有力地配合了车间里的工作。尽管也受到了阻力和一些非难，但我坚持这样做了，使正气得到了支持和伸张，效果还是很好的。我不仅在单位里努力地去工作，还经常利用下班后或节假日进行家访，慰问病号，就是退休的老工人，我也去看望，这样做，可以使他们感到社会主义这个大家庭的温暖，心情舒畅地欢度晚年。尽管车间里的同志居住分散，可是绝大多数同志的家我都拜访过。这样做，对于盲人来说，困难是多一些，然而我想：双目失明局限了我为人民服务工作的范围，我要尽一切努力，在力所能及的范围内为党和人民多做些工作，把有限的生命投入到无限的为人民服务之中去。

装订车间里的工作一共有15道工序，除了梭线之外，我全都能熟练地掌握，在这个工作岗位上一干就是16年。由于踏实、肯干、成绩比较突出，我多次被社里评为先进生产者，1980年，我光荣地加入中国共产党，1981年被北京市残联评为先进工作者。

# 四、在校对组工作的日子里

1994 年，由于工作需要，领导把我调到校对组工作，我很高兴，因为这是我多年的愿望。可是我已经是 50 岁的人了，50 岁意味着什么？50 岁对于一个人来说，已经过了学习和接受新知识的好年华，记忆力也相对差了。所以刚一接触校对工作时，我感到很困难，首先脑子反应较慢，摸读速度跟不上；其次就是盲文分词连写、盲文书籍的版式规则等都不熟悉。为了尽快掌握校对业务，早日承担起校对任务，我抓紧时间苦练基本功。我随身携带《盲文分词连写》、《盲文版式安排规则》、《英语点字缩写符号》、《怎样阅读古文》、《盲文数理化符号》、《乐理知识》等工具书和材料，一有空就读就背，利用业余时间和节假日大量读书，提高摸读速度。同时还虚心向周围的同事学习、请教，经过刻苦努力，我终于克服了年龄大、接受能力差的困难，基本上掌握了校对业务。自 1994 年直到退休，我基本上都是一校，一校是初校，直接校对制版人员刚刚制完版的校样，所以问题比较多，如版式安排不当、分词不统一、多音多义字用的不对、掉点多点、掉字多字、错字等。在校对中，我尽力处理好这些问题。有时遇到汉字书格式与盲文书版式安排上发生矛盾，翻译的不当时，我就同制版人员商量，使用最合适的、盲人读着看得懂的方法处理。我想，应当把问题尽量消灭在一校，为后面的环节扫清障碍，特别是那几年，制版人员新手较多，制版人员的质量较差，有时校对一本书要写五六十张正误表，错误率达 23%。搞好一校的校对工作，的确是很不容易的，然而我利用所掌握的业务知识，较好地完成了生产任务。盲文出版社是一个综合性的出版社，从儿童读物到大专教材，从文学艺术到数理化，从医药卫生到饲养、养殖，包罗万象，只要读者需要，出版社就要选编出版，这就需要出版工作者有广泛的知识面，能够应付各类书刊出现的各种问题。为了工作的需要，我多读书、多听广播，广泛涉猎各种知识。例如：我读了《怎样阅读古文》、《学点语法知识》等书，提高了我处理文言文和分词连写的能力。将近十多年的时间里，我校对了医药卫生、文学艺术、数理化、英语等各类书刊多种，现分述如下：

1. 药卫生类。按摩推拿是盲人的主要就业之路，全国各地办学、办班很多，所以医书的需求量很大。十多年来，我校对了大量的医书，例如：《中医大词典》、《医古文》、《诊断学》、《内科学》、《内经》、《本草纲目》、《金龟药略》以及中医大中专教材等，在这些医学书里，医古文是比较难处理的，不仅要弄清古文的意思，还要根据医学术语的需要，进行分词连写，否则读者很难看懂，再有，由于制版人员对人体的穴位不熟悉，常把多音多义字打错，如："人体的大都穴"制版人员制成了"大豆穴"，因为两个字都是读"都"的音，更有甚者，有一本医书的原著汉字书竟把穴位"关原穴"译成"没原穴"，制版人员原班照翻，出现了明显的原则错误，对此，我都一一予以解决了。我认识到只有多学知识，才能得心应手地处理好校对中遇到的问题，否则就会影响出书的质量。

2. 文学艺术类书。我社自建立图书馆后，出版了大量的大部头的文学作品。我校对了多部中外名著，如：《红楼梦》、《三国演义》、《水浒》、《雷雨》、《家》、《笑傲江湖》、《巴黎圣母院》、《悲惨世界》、《高老头》、《福尔摩斯探案全集》等。在对这些文学作品进行校对时，不仅提高了文学修养，而且促进了我业务水平的提高。曹禺先生的《雷雨》在新闻出版署被评为校对二等奖，这一奖励虽然只奖给了二校，但我的一校也是为这个奖项做了贡献的，所以我也很高兴。

3. 文化教育类书。10多年我校对了各类教材，如：中医大中专教材、高中教材、自学高考教材，还校对了高中英语课本等英语书。为了适应需要，我学习并通过了英语点字第二级英语缩写符号的考试，在校对中能够正确运用缩写符号，纠正校样中的错误，另外，我还校对了《钢琴调律》、《计算机基础教程》、《职工法律常识》等书。

4. 期刊类书。我社原来是自选自编刊物，后来改为把明眼文字的刊物杂志原版翻成盲文。这样就拉近了明、盲读者的距离，受到了盲人读者的欢迎。在十多年的时间里，我先后校对了《知识世界》、《文艺选刊》、《卫生知识》、《科学知识》、《人民文学》、《盲童文学小说》、《月报》、《大众医学》、《按摩与引导》、《读者医学荟萃》、《文学世界》、《挚友》、《盲人月刊》等14种刊物。每当接到刊物的校样，我都抓紧时间及时校对，在保证质量的前提下，尽量保证刊物的周期。然而，要做到这一点是非常不容易的事，因为有些刊物的校样的质量是很差的，尤其是《盲文月刊》、《按摩与导引》和后来的《小说月刊》，改用汉语双拼盲文制版后，现行盲文和汉语双拼盲文同时并用，校样中出现了两种文字混淆使用的现象。如：一个字一半是现行盲文，另一半却是汉语双拼盲文，两套标点符号混淆，该轻声的不标轻声。因为汉语双拼盲文原则是字字标调，由于制版人员很长时间不用汉语双拼盲文，一下子难以适应，按习惯的口语读音标调，所以经常标错声调，因此，给校对工作带来很多困难。尽管如此，我要求自己镇定精神，认真对待。在校对汉语双拼盲文书时，摸清每一个字，放慢摸读速度，遇到有怀疑的声调，就请明眼人查字典，尽量把调标准确。为了保证部分用汉语双拼盲文制版刊物的周期，有时，我把书带回家，先摸读一遍，找出书的错误规律，再校对时，就能快一些了。在自己的努力和明眼同志的配合下，我们发现了制版人员的许多问题。1998 年第 11 期《盲人月刊》，一本书 4 万多字，我们查出 1209 个错，差错率是 25.1‰。在校对中我不仅能够处理校样中的分词连写、版式声调等问题，还注意改正汉字原著的错误，如：校对 1996 年年历时，发现二十四节气中的雨水被漏掉了，我就找到有关人员，将其加上了。再如：《盲人月刊》有一篇文章出现了"6 月 31 日"的字样，这是很明显的错误，我征求了领导的意见，予以纠正。我认为要想做到出好书，就要把好质量关，不仅要有熟练的业务技术，还要有认真负责，工作态度，两者缺一不可。我正是遵循这一原则，用自己所掌握的业务技术，认真处理校对中遇到的问题。我曾发现过通读完的书漏掉的错，如：1999 年第 11 期《盲人月刊》把按摩的"摩"字标调成"么"的音，虽然这个字是两读音，但在这里标去声绝对是错误的。于是我就反映给有关负责人，及时改正过来，避免了质量事故。我想，只要心里装着读者，就会不怕麻烦，不怕得罪人，把住质量关，维护出版社的荣誉。

尽管年岁大、记忆力差、工作忙、家务事多，可是文化学习我一直没有放松。1980 年，我参加了社里举办的高中语文班，由于没有课本，我就请人帮忙报读，把课文抄下来，上课时注意听讲，认真做笔记，课后按时完成作业，经常复习所学的内容，因此，在期末考试中

考了 99 分，是全班最高分数，被社里评为优秀学员。1985 年我在中华全国律师函授中心学习法律专业，1987 年以 87.5 分的成绩获得大专毕业证书。1994 年 11 月我参加了中残联举办的汉语双拼盲文培训班，在考试中考了 97 分。

我深深体会到做一个盲文工作者的确是很难的，要克服许多困难，要付出一定的代价，否则是做不好盲文出版工作的。经过十多年的努力，我较好地完成了生产任务，每月都能超额完成任务，质量、数量都达到合格标准。

采编：黄智鹏

我为我自豪

——毛久恒

▲ 毛久恒

## 感恩让创业成功
### ——记自强自立的盲人创业者毛久恒

　　毛久恒，男，1970 年 11 月出生于北京，毕业后开办北京市毛久恒中医诊所至今。

　　1988 年 9 月，毛久恒幸运地考进了北京市盲人学校按摩班，开始了新的学习生活。在开学前几周，每天上课他都如同听天书一般，且不说深奥的中西医理论是否能听懂，就是每天接触的医学术语就已经把人搞得晕头转向。一向好胜心强的他，心中十分焦急。但是，他暗暗告诉自己：别人能做到的，自己也一定能做到。于是，凡是不明白的就向老师请教。需要背下来的，就抓紧一切可利用的时间去背：一遍、两遍、三遍……经过不懈努力，在第一学期末，他被评为班里的特优生。第二年，乔老师教按摩手法。他授课时平易近人、和蔼可亲，手把手教按摩手法。甚至让学生在他身上练习手法，由于学生手法生硬，甚至把他的背都揉肿捏青了，可他从不说疼，也不批评他们，仍是耐心地为学生指正。直到现在，乔老师那高大的身影仍深深地刻在他的心中。

　　1991 年，毛久恒以优异的成绩告别了母校，走上了自主创业之路。然而由于当时的临床技能较低，经验较少，事情并不像他认为的

那样简单，没有精湛的技术和丰富的经验是不可能胜任本职工作的。于是，他一方面订阅学术杂志、报刊，另一方面又报考了国家高等教育自学考试中医专业。工作中遇到疑难杂症，他虚心向同行前辈请教，边学边干。由于自学考试为单科结业，而且考题覆盖面广，第一次参加考试，他的中医诊断仅考了56分，于是他吸取教训，总结经验，调整了学习方法，每天学习到深夜，丝毫不敢懈怠。困难一个接着一个，天气变化莫测是盲人的难题之一，1995年7月的一天早晨，他刚出家门，瓢泼大雨从天而降，而此刻他正要乘车去中医药大学参加生理学实验课。他家住顺义，天气好不堵车的情况下乘公交车到校需要两个多小时。可是那天雨大车少，足足用了四个小时才到学校，而且身上都淋湿了。一路上他心急如焚——本身自己视力不好，老师在台上做实验就看不清，今天再迟到就更糟了……好容易赶到学校了，他们已经下课了，生理实验没看到，他只好急忙找同学补上笔记。此时的他暗下决心，困难再大也要闯过去。就这样，功夫不负有心人，他利用四年半的时间，十三科理论考试、两科实验考试，以及半年临床实习，均顺利通过。在1997年，他最终通过了考试，拿到了梦寐以求的北京市中医药大学毕业证书。而这时候，诊所里的患者也逐渐多了起来，他每月能为当地患者服务600余人次，深受当地居民的好评，期间被顺义区人民政府残疾人工作协调委员会评为"八五"残疾人先进个人。

当然，作为一名优秀的按摩师，单靠理论和技术是远远不够的。工作之余，毛久恒认真收听、收看新闻，积极订阅报纸杂志，思想上时刻与党组织靠拢。他想：党和国家培育了我，我没有理由不回报社会。想到做到，就这样，他的诊所每年为孤寡老人、军烈属、残疾人免费上门服务近百余人次，减免按摩费上千元。今年3月的一天上午，一位年近七旬的老大妈拄着拐杖走来，服务生小李赶忙跑出去，把老人扶了进来，为她倒了一杯温水，热情地说："大妈，您请坐，您哪里不舒服呀？"大妈喘着气说："我没事，是我老伴。他下楼时，不小心把脚扭了，现在一点儿也不敢动。"这时，毛大夫已经站在一边听了个明白，安慰她说："您别着急，我跟您去家里看看大爷。""那可太谢谢你了。"大妈感谢地说。经过精心地按摩与敷药，大爷的脚一天天好转起来。痊愈后，大妈执意要付200元钱的报酬，最后他只是象征性地收了 30 元的药费。尊敬老人、照顾弱势群体，是我们中华民族的传统美德，而在毛久恒这里更是得到了具体的体现。

自己脱贫了，也要带动他人致富。如今的毛久恒已带领 6 名盲人按摩师在顺义区裕龙二区成立了盲人保健按摩中心。他时常说的一句话是：政府和人民都关心帮助残疾人，我们残疾人自己更应当互助互爱。2005 年 6 月的一天，盲人李铁经区残联介绍找到了他，提出想要学习按摩技能。毛久恒毫不犹豫地答应了，且没收任何费用。了解到李铁没上过小学和中学，文化基础知识几乎为零，接受新鲜知识较慢，并且既不能看汉字也不会摸盲文，他就决定先教手法，让他对按摩产生感性认识。开始时，毛大夫就通过在他身上做手法，使他对按摩感兴趣，手把手让他在自己身上练。李铁练手法很用功，进步很快，单凭手法还不能很好地为别人解除痛苦，还必须有扎实的理论基础作指导。闲暇时，他把解剖学、中医基础理论、腧穴学、伤科学录成录音带给他听。由于自己的视力很差，只是勉强可以看汉字，且眼睛距离书本很近，读十几分钟眼睛就感到干涩，颈部酸痛，但是为了让李铁尽快得到知识，他每次都坚持把磁带录完一面才停，不明白的地方他就耐心地讲解。李铁学习很认真，手法练累了，就听录音带。就这样，不到一年的时间，李铁已经能够独立做临床常见病的按摩了。但他仍不满足徒弟的现状，想让李铁进一步系统学习专业知识，于是他找到盲校职教处王宏民老师，向她介绍了李铁的情况。今年 3 月，李铁走进了盲人成人按摩中专班的教室，实现了自己多年的梦想。

毛久恒，一个自强自立的人，不仅努力提升着自己的业务水平，更注重员工素质的提高。他和按摩中心的员工一起工作，一起学习，互勉共进。业务量的增加使他们的工资不断提升，他们也越干越起劲。看到周边的盲人朋友实现了自己的愿望，他感到无比快乐。只要付出就有收获，经过多年的付出，毛久恒被北京市人民政府残疾人工作协调委员会评为"残疾人就业明星"，并被顺义区残疾人联合会评为"残奥之星"。

这些年来，毛久恒虽然多次在区县级政府和残联获奖，然而面对这些荣誉，他却说："虽然我是残疾人，但是我并不甘心落后，我并没有做得更多，我只是不愿做社会的包袱。"是啊，成绩代表的是已经

过去的辉煌，它能鞭策获奖者更加努力地工作和学习。事实证明，通过自身不懈努力，任何一个人都可以为社会做一点贡献，为人民献一点爱心，充分体现自我价值，和社会融为一体。

最后，毛久恒说："当然，我能有今天，这与党和国家的关怀和教育分不开，与政府和人民的支持和帮助分不开，更与学校的教育和老师的教诲分不开。北京奥运会即将举办，我将用实际行动为创建和谐社会而不懈努力！"

下面是党和政府给予毛久恒同志的主要奖励和荣誉：

1996年5月　被顺义区人民政府残疾人工作协调委员会评为"八五"残疾人先进个人。

2001年9月　在北京市残疾人职业技能比赛中荣获"盲人保健按摩项目"铜奖。

2003年10月　被北京市残疾人联合会评为2003年度北京市盲人保健按摩行业"文明服务标兵"。

2004年5月　被北京市人民政府残疾人工作协调委员会评为"残疾人就业明星"。

2004年8月　荣获北京市第二届残疾人职业技能竞赛保健按摩项目"三等奖"。

2005年11月　被顺义区残疾人联合会评为"残奥之星"。

2005年12月　被北京市残疾人联合会评为北京市盲人保健按摩行业"文明服务标兵"。

采编：单纬华

我个人的所作所为微不足道，是党和人民给我指引了方向，才使我的路越走越宽广，心里越来越亮。

——许建国

## 身残志坚的白衣战士
### ——记按摩盲医生许建国

当你走进河北省衡水市第三医院按摩科时，迎面会看到一位 30 岁上下，中等身材，身着白衣，戴墨镜的大夫，正在病床前为患者推、拿、揉、搓地按摩着一个个穴位，脸上布满了汗珠。他，就是北京盲校 80 届按摩班毕业生、优秀共产党员、按摩医师许建国同志。在衡水市区和附近县乡，凡是让许大夫看过病的人，一提起他来，都是赞不绝口：许大夫医术高、妙手回春、待人热情……衡水当地的报社、电台报道过他的事迹；省、市大会上表扬奖励过他。市区医院的医护人员听过他的报告莫不心服口服，交口称赞。对于这一切，许建国说："我个人的所作所为微不足道，是党和人民给我指引了方向，才使我的路越走越宽广，心里越来越亮。"

### 上路，是党指引了前进的方向

毕业后，能否用自己所学的一技之长报答学校老师和家长的期望，这是许建国心里考虑的首要问题。上班第一天他即找到院领导明确表态：虽然我眼睛看不见，但是请求领导不要给予我特殊照顾，别人能干的事情我也一定争取去干。话虽如此说，但盲人两眼一抹黑，初到一个完全陌生的环境，生活中肯定会碰到不少难关。初时他怀着感激的心情接受别人为他带路。一两天之后，他便婉言谢绝同志们的帮助，自己进行摸索，白天没时间就晚上练，功夫不负有心人，不到一周，衣食住行等生活困难都被他克服了，赢得了同志们的信任。

冬季，医院是靠生火取暖的，管好科室的炉火是一大难题：炉子

不是烧过了头就是没着上来，第二天一上班先得生火，闹得诊室乌烟瘴气，有时到了9点炉子仍搞不好，甚至到了中午也暖和不了，严重地影响了工作，患者也意见纷纷。许建国若有所思地想了很久。一天晚上老书记刘平同志找许建国谈心，说到科室工作，当提到炉火时，许建国把考虑成熟的方案提出来："刘书记，这活我包了，我宁可一宿不睡觉，也要把炉火看管好！"老书记被感动了，但也顾虑重重：能行吗？一个盲人，烫着了怎么办？熏着了怎么办？着火怎么办？……"许建国坚定地说："让我试试，不行再想别的办法。"看着这位盲人青年热情而执著的样子，书记同意了。从此，许建国成了科室的一名业余"司炉"。说起来容易干起来难，他首先向别人请教怎样和煤泥，怎样捅炉子，啥时掏灰……晚上，再请教炊事员同志手把手地教，他一道工序一道工序地实践。第一天管火，一夜没睡好觉，三番两次地起来摸摸炉眼热不热，清晨5点起来捅开火一看，没有灭，许建国好个高兴啊。接着添好了煤，再去清扫炉灰，搞科室卫生……等到一切妥当了，炉子烘烘地越烧越旺。8点一上班，患者和同志们莫不惊奇地说："原来的冷宫变温室了，没想到这个问题让许大夫解决了！"许建国用自己的心血和汗水，促进了科室工作，受到院领导的表扬，并号召全院医护人员向他学习，党支部又根据他的日常表现，将他列为入党积极分子，重点培养。

## 拼搏，是党赋予了无穷的力量

如何使在学校学到的知识用于实际工作，与实践相结合，这是一个普遍存在的问题。一走上工作岗位，许建国就深感自己所学到的知识与实际所需相差甚远，在一次科室学习会上，他谦虚地向大家说："我上学学了几年专业，但与实际相差太大了。所以，从今以后，我要拜大家做老师，我这个小学生要当到老，学到老。"所以，他虚心求教，白天上班，晚上则整理记录病例，查阅资料，写读书笔记，每天都学到很晚。北京中国盲文出版社是他的老"关系户"，他花钱购买、订阅各种书籍，使他的学识和业务都有了长足的进步，治愈了一个又一个疑难病症。

市电池厂青年工人贡洪凯，因腰疼去河北省第三医院就诊，定为中心性腰椎间盘突出症。经牵引、按摩及药物治疗均不见好转。医院建议进行手术。患者很怕因此致瘫，不愿接受手术，双方都很为难。小贡无奈，找到许建国，进门便说："您救救我吧！治好了，咱俩做终生的知心朋友；治不好，我和家人绝无怨言。"说得许建国脸上、心里火辣辣的，但考虑到病的难度和自己的水平，他不敢冒然答应，但患者一再请求："我只有这一条路了，你就在我身上大胆地试试吧！"许建国想起"要想辨别梨子的滋味就得亲口尝一尝"这句名言，就答应了。晚上他将患者有关资料全部看了一遍，反复琢磨，初步制定了探索性的治疗方案，并把想法向院长和书记进行了汇报，得到院方积极的支持和鼓励，使他信心倍增。经过 7 至 10 天的精心治疗，其症状好转，患者脸上露出了笑容，打消了一度产生的自杀的念头。又经过 1 个月的治疗，患者已能骑车来院治病了，生活基本能自理。半年之后，小伙子恢复了健康，重新走上了工作岗位，建立了美满、幸福的小家庭，小贡也实践了与许大夫终生相知的诺言，不是亲人，胜似亲人。

患者的宣传是最好的无线广播。许建国的名字传开了，特别是他在市属各医院巡回报告后，一个个疑难病号便接踵而来。1990 年冬，衡水地区妇幼保健站赵大夫刚满一周岁的儿子病了，腹泻、高烧。经过诊治，未见好转。家长着急，便找到许建国大夫。经家长再三恳求，许建国只好答应试试看。但他心中无底，愁得茶饭无心，他请教了老院长和副主任医师络洪涛同志，经详细研究分析，小孩患的很可能是疳积症，伴有外感。经许建国治疗，果真对症。第一次按摩后烧退了，食欲也略好。连续按摩三四次，病情大为好转，一周后症状消失，十天痊愈。家长万分感激。此事传开，各医院大夫也慕名而来，和他探讨各种医术问题，为此，许建国和不少名医交上了朋友，互相传经送宝，交流经验，取长补短，共同提高。

许建国在日常工作中，默默无言地做着贡献。除几年如一日地冬天为大家生火取暖之外，许建国还承担了以前医院花钱雇人拆洗床单、枕套的任务。他说这是一举两得，既为医院节约了开支，又锻炼了自己的生活能力，"何乐而不为"，许建国就是这样的一个人。

## 荣誉，是党对自己的鞭策

十几年来，许建国同志用他辛勤的工作和汗水赢得了人们的赞誉。1981、1982 年先后被评为单位和市级先进工作者；1983 年出席了河北省衡水地区召开的"建设社会主义精神文明"经验交流会，上了光荣榜，后被评为省、地两级"青年学雷锋标兵"；1983 年 12 月河北省卫生厅授予他"河北省卫生先进工作者"和"河北省盲人先进工作者"光荣称号；1986 年 8 月光荣地加入了中国共产党。许建国说："荣誉来自人民，荣誉也是党对自己的鞭策，从此以后，我要更加全心全意地为人民治病。解除他人的痛苦，是我的天职。"1993 年春节，新丰村一老人不慎把腰扭伤，不能起床，全家人急坏了。大年初一的，到哪儿去找大夫？当晚，她的儿、孙鼓足勇气来找许建国，许建国二话不说，站起就走。到了患者家，经诊断，是急性腰扭伤，从初一到初三连续按摩三次，治好了病人。老太太特设家宴，宴请许大夫，被许建国婉言谢绝。老太太又拿出 50 元钱塞给他，他拉着病人的手，亲切地说："病好了，你痛快，全家痛快，我也高兴。这钱我收了，再转送给您，祝您老人家健康长寿吧！"老人感动得流下了眼泪。

许建国从医十余年，平均每年治疗 4000 多人次，治愈率达 70% 以上，有效率为 95% 以上，他是一个合格的白衣战士，也无愧于优秀共产党员的称号。

采编：黄智鹏

# 四、身残志坚，桃李天下

▲ 职教钢琴调律专业学生在李任炜老师指导下学习调律

▲ 李任炜

> 阳光、色彩和世间万物在一个盲人的心目中比在任何一个健全人的心中都更加绚丽。
>
> ——李任炜

## 谱写人生美好的乐章
### ——记盲人钢琴调律专业教师李任炜

　　李任炜老师有很多头衔：北京市盲人学校钢琴调律专业"中学高级教师"、北京联大特教学院客座教授、国家职业资格考评会高级考评员、海淀区盲协副主席、市残联主席团委员、中国调律学会理事、北京音协会员以及北京市残疾人艺术团盲人民族乐团的执行指挥等等。面对这些，我们大多却总爱尊称他一声——李老师。这个称呼看似普通，却包含了对他最大的敬意。

　　李老师现年56岁，中等身材，匀称结实。他虽然先天双目失明，但举止谈吐却落落大方。与他交谈，你时不时地会听到一阵阵爽朗的笑声，而他身上散出的热情与自信也会不自觉地感染你，让你也变得开朗起来，更想要从他的人生经历中去汲取一些精神的养料。

　　从某种意义上说，李老师是不幸的。因为从他来到这个世界起，他就没有办法亲眼目睹这个世界的多姿多彩。但是先天的残疾并没有

消磨他的勇气与决心，也没有阻挡他求学的道路。

北京市盲人学校为他打开了心灵的窗户。他从小天资聪颖，又认真刻苦，在校期间，学习成绩一般在95分以上，最低也不下90分。而且他好动脑筋，喜欢钻研。小学时，因为表现优秀，能力强，他依次担任过少先队小队、中队、大队长，是老师的好帮手，同学们的小老师。

在学习之余，音乐的种子也悄悄地在他心中生根、发芽。那形态、音响各异的乐器；那优美激昂的乐音，像磁石般吸引着他，使他陶醉入迷。在老师的帮助下，他慢慢地学会了识盲谱、唱歌、吹小号，成为学校文艺宣传的骨干。另外，他还自己写歌，作指导，曾经多次参加独唱、合唱等演出活动，并负责管理学校广播。中学时代的他已崭露头角，尤其是他的小号吹得不仅音准，而且嘹亮动听，在学校演出时就已被上级领导称赞，好些专家都瞧准了这个好苗子。

于是，中学一毕业，他就马上被吸收到海淀评剧团。那时，团里排《智取威虎山》，缺吹小号的演奏员，找了几个人都不理想。领导就推荐李任炜来填补这个空缺。开始团里人都不相信：一个盲人，而且又没有受过专业培训，怎么能承担此项任务？带着大家的疑虑，李老师参加了第一次试演，他一边抄谱一边脑记，很快就能同其他人员一起合奏。这种出色的表演使在场的人震惊了，小号吹罢，场内立即响起热烈的掌声和欢呼声。台上的李任炜也激动万分：努力没有白费，汗水没有白流，他成功了，得到了社会的承认和尊重。

有句话真的说得很有道理：上帝为你关闭了一扇门，同时也为你打开了一扇窗。李老师虽然看不见五彩世界，连最基本的光感也没有，命运给他的生活设置了一条艰难的路，但他却具有很高的音乐天赋，有着超常的听觉和乐感。有一位专业人员曾测试过他的耳力，随便在钢琴上弹一串音，他立即可以准确无误地说出这些音的组别及音名。每一出戏只要演出几场，他便可以去掉分谱以及为他特别制作的"指挥十字踏板"而背谱演奏，并且更加难得的是他的小号声部进入得总是那么恰到好处，为乐队添彩。音乐能给他带来欢乐，慢慢地他还领悟到，音乐同样能给他带来光明和生活的勇气。逆境总是有的，人生需要奋斗，于是，他由最初对音乐单纯的喜爱变成执著地追求。然而，他并没有因为有着音乐的天赋而沾沾自喜、止步不前，而是以此为基点、条件，更加勤奋刻苦，立志要和普通人一样体味人生真正的价值，于是，在这种信念的支撑下，他如饥似渴地抓紧时间学习基本乐理、配器、作曲等方面的知识，克服了普通人难以想象的困难，在音乐的道路上不断前进。

在海淀评剧团工作期间，他提高了演奏能力，积累了乐队合奏的工作经验，也学习了一些乐曲编配和写作的基本技能。但在 1978 年，该团撤销了管弦乐队。没有业务工作的李老师依然没有停止前进的脚步，而是充分利用这段空闲的时间，开始学习钢琴调律，在书本的指导下作了很长时间的探索和联系，基本掌握了调琴的基本技能。

1979 年，李老师申请调动工作，紧接着在同年 11 月调入了市民政局所属的福利工厂。1981 年，民政局领导接受了他的建议，他积极协同工作，组建了北京市盲人艺术团，这也是我国第一支盲人艺术团，即北京市盲人民族乐团的前身，最开始是由 17 名盲人组成，李任炜任副团长兼艺术指导。这一组织得到了市政府的支持鼓励，说他们团是一朵小花，要开得更艳。希望的曙光、理想的呼唤，使他奋进不息，果实累累。他为该团编配并写作了大量歌曲和乐曲，历年参加会演比赛，多次获表演奖和创作奖。他创作的男生四重唱《理想之歌》，女生独唱《是谁的歌声》等还在中央电台播出。除此之外，该团部分节目曾受文化部和中国残联派遣，赴日本、香港特区访问演出，还经常承担接待外宾任务。从 1981 年至 1990 年，李老师共带领该团演出 1200 余场，赢得了社会各界的广泛好评。

1984 年，李老师被中国音协北京分会吸收为会员。1986 年，又被聘为北京乐器普及协会理事。1987 年，他指挥的乐队，在全国盲人音乐录音会演比赛中，受到专家好评，荣获特设的伴奏奖。就这样，李老师一步一个脚印，在八十年代组织的各种形式的演出达到 1000 余场。他多次指导去日本演出的节目，指导、参加了赴港演出的全部节目，1987 年还与英国前首相希斯在人民大会堂等处合作，并承担了乐队的曲目指导，钢琴与民乐演奏《翻身的日子》、《良宵》得到了观众的好评。

他不断进取攀登，1985 年，他报考了中国函授音乐学院学习和声

与作曲。他的学习十分艰苦，因为看不见，又没有相应的盲文，所有的教材都由朋友帮他录成盒带，自己译成盲文，然后再仔细学习，消化做题。几年过去，他终于以坚韧不拔的精神，自学成才，达到了大专水平。在这个过程中，他不但获得了系统的音乐理论知识，而且进一步提高了音乐素养。

1990 年，他被调到母校北京盲人学校，开始在这座曾培育他的校园里发光发热。同年 9 月，他参加了中残联与美国卡特基金会合作，由长春大学承办的"钢琴调律特教师资培训班"的学习。他是入学的十名学员中唯一的一位盲人。当时任教的是美国一所大学的钢琴调律师——安妮·格林。第一堂课，她就让每位学员试调一架钢琴。全部调完后，美国女专家当即宣布："全班唯一具有调律基础的只有李任炜先生。"知情者并不奇怪，1978 年开始对钢琴调律的钻研在此时显示出了它的作用。

在美国专家的指导下，他认真听讲，勤于实践，很快摸熟了钢琴中 100 多根弦和 8000 多个零部件的复杂结构。他克服了因视障带来的种种困难，以顽强的毅力和潜心钻研的精神，在近半年的培训中，不仅在调律理论上得到了优秀，而且还练成了一手熟练的钢琴调律技术。在结业的考核中，他调试的钢琴仍属第一，美国专家还把这架琴作为"范琴"，让全班学员观摩学习，并高兴地评价说："李先生的耳朵和扳子（调音工具）是最好的，技术掌握最好的就是李先生，李先生一定可以成为一名优秀的钢琴调律教师。"

他不负众望，回校后，创办了全国第一个"盲人钢琴调律职业高中"，同时在盲校的中小学盲生中开展了器乐演奏的培训工作。调律课没有教材，他不畏惧，主动找资料，勤学好问，自编教材，还承担班主任工作，同盲生一起外出实习，同吃同住，为学生解惑谈心，体味着苦后的甘甜，最后出色地完成了教学任务。

就这样，李老师为我国首次创办的"盲人钢琴调律专业"开创了新的一页，为盲人铺出了除按摩以外的另一条道路，他是我国第一位优秀的盲人钢琴调律师。

多才多艺的李老师不仅在音乐上有较深的造诣，而且在盲人音乐符号点位设计上也很有研究。随着社会文化水平的不断提高，乐器的盲文专用符号需要大量补充完善，有的尚属空白。中残联盲文出版社决定：成立盲文乐器符号编写组。李任炜就是主要成员之一。这一工作难度很大，刊物不统一，各种流派演奏技巧各异，需要查阅众多资料，收集整理，还要向权威的专家请教，最后把各种乐器符号共整理出 405 个，并逐一加以演奏方法的说明，工作量之大可想而知。但为盲人音乐艺术的不断完善发展，李老师笔耕不辍，播种了智慧，洒下了汗水，终于完成了设计方案。由他主要执笔的《中国盲文民族器乐符号集成》一书已正式出版，并在全国各地包括香港、台湾推广使用。

　　此外，从 1995 年开始，李老师还带领盲校学生及原盲人艺术团成员，组成了"北京市盲人民族乐团"，在市残联宣文部领导下，参加了全国各界残疾人文艺会演和特教学校会演，他所指挥的所有参赛曲目均获得表演一等奖和金奖，乐团规模也由原来的 20 余人发展壮大为现在的 50 人左右，具备了较完整的声部编制，演奏员的合奏能力也逐年提高，整体合奏效果基本达到准专业水准。这支由盲人组成的民乐团，在没有现场指挥的情况下，能完成《春节序曲》、《长城随想曲》等高难度的大型乐曲，在 2005 年和 2006 年两次举办的专场音乐会的演出中，获得了极大的成功，受到有关专家、各级领导和社会各界的高度

**职教风采**
Vocational Education charisma

▲ 职教钢琴调律专业学生在李任炜老师指导下学习调律

北京市盲人学校
BEIJING SCHOOL FOR THE BLIND

评价。

多年来，在李老师的努力下，乐团为中残联艺术团培养、输送了多名优秀的演奏员，同时也不断补充培养着新生力量。他有一个信念：要在市残联宣文部的领导下，努力加快节目，更新和人员，更新的步伐，进一步提升乐团合奏水平，争取为即将到来的2008残奥会作出自己应有的贡献。

就这样，李老师春蚕吐丝般地为盲教事业贡献力量，为盲人自强自立贡献力量，在忙与累中实现着自己的人生价值。他是受学生拥戴的老师。一次校联欢会中，一位高年级学生满怀激情向师生们表述着："我最爱的是李任炜老师。千言万语说不尽，我为李老师编写了一首歌，借此表达我对他的情和爱。"歌声响起，那么动情，此时，李老师感到无比欣慰，品味着历经辛劳后的喜悦。我们有理由相信，李任炜老师用自己的坚韧不拔、自信乐观，谱写出了人生最美好的乐章。

采编：胡志娟

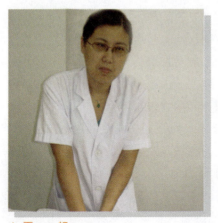

▲ 王　虹

我是一个盲人，我更了解他们的需要，知识可以帮助盲人改变命运，我有这方面的条件，我应该这样做。

——王虹

## 用顽强书写亮丽人生
### ——记北京市盲人学校盲人教师王虹

　　2006 年 5 月的一天，在东京正在召开第二届亚太地区中医按摩国际会议。讲台上，一位三十多岁、白皙清秀的女士站在讲台上，她面对来自十几个国家的专家学者从容自信地宣讲着论文，演讲完毕，台下报以热烈的掌声。细心的人会发现：她偶尔将讲稿举到眼前看一下。其实，她是一位盲人，一位仅一只眼睛有微弱视力的盲人！她，就是北京市盲人学校的女教师、健桥按摩中心总经理、全国为数不多的盲人按摩副主任医师王虹。王虹的母校就是北京市盲人学校，提起她，看着王虹长大的盲校老教师们都会疼爱地夸奖她："小虹这孩子真不容易，小时候看她那个柔弱劲，真想不到能这么有出息！"

　　1968 年 12 月的一天，王虹出生在北京一个普通职工的家庭。第一个孩子的出生，总是为初为人父母的年轻夫妇带来无比的欢乐，可是几个月后，当偶然发现这个女婴一双大大的眼睛对光竟然没有反应时，年轻的父母慌了神。医院检查的结果更是让他们如五雷轰顶——女儿患的是先天性白内障。此后的日子，尽管父母抱着幼小的女儿历经艰辛，进行了多方治疗，但由于当时的医疗条件限制，他们还是不得不承认一个残酷的事实——这个女孩的视力已经不能恢复，视力的

残疾注定了她与众不同的命运。

由于视力障碍，没有幼儿园能接收她。没有小伙伴的陪伴，孤独的小王虹只能由年迈的姥姥在家小心地看护着。到了上学的年龄，父母费尽周折才让她进入附近的小学读书，由于视力问题，王虹难以参与学校的活动，也不能和小伙伴们一起尽情地嬉戏玩耍，这让她非常失望。小王虹逐渐意识到了自己与别人的不同，她变得寡言和内向。但是，在她幼小的心灵中，小伙伴的忽视甚至歧视激发了她内在的不服输的性格，聪敏的她比别人更加努力地学习，老师们惊奇地发现：每次下课，这位在课堂上很少发言的柔弱女生总是抢着去擦黑板，擦黑板成了她的"专利"。老师因为她热心为班级做事表扬她，但其实，王虹擦黑板的真正原因只有她自己知道——那就是利用擦黑板的机会把老师的板书再看一遍，因为即使坐在第一排，她也没法看清老师的板书。回到家里她就缠着父母不停地问，家里那不太光滑的水泥地面成了她用粉笔涂划的大黑板。看书时，王虹需要带着瓶子底儿般厚重的眼镜，尽管是这样，她还得要把脸凑近课本。有一次，她放学回到家里，妈妈见到她就问："小虹，今天考试怎么样啊？"小王虹惊奇地问妈妈："您怎么知道今天我考试了？"妈妈笑着指着王虹的鼻子说："瞧瞧你鼻子尖上的油墨我就知道了。"原来那时候每次考试卷子都是油印的，王虹在阅读卷子时肯定要把鼻子弄黑，所以每次考试回来妈妈马上就会发现。从小学到初中，王虹是在普通学校上的学，依靠加倍的努力，她把大部分健全的同学硬是甩在了身后，让同学和老师对这个本不起眼的小女孩刮目相看！

升入高中后，阅读量和书写量日益增加，大量的作业总是在身后排队，王虹的眼睛一刻也不能离开课本。肿胀的眼睛、疲惫的身体，使她感到学习越来越吃力，但她咬紧牙关坚持着。高二时文理开始分科，当时国内还没有专门招收残疾大学生的大学和专业，于是，王虹不得不离开高中，听从家人意见，选择了北京市盲人学校的按摩专业，以求在今后能学门手艺养活自己。1985 年，王虹转到了北京市盲人学校按摩职业高中学习中医按摩。在老师们的悉心关怀和教导下，她掌握了扎实的中医按摩基本功。在盲校她热心帮助其他同学，是个品学兼优的好学生，深得老师和同学们的喜爱。

1998 年，长春大学将招收残疾大学生，当时这在全国高校中尚属首次。离选拔考试还有两三个月，王虹开始紧张复习。她把书带到工作单位学，遇到不会的问题，就及时请教盲校老师。为了抽出学习的时间，她经常住在盲校办公室。看到她学习的劲头充足，老师也经常加班为她补习。有一天晚上补习太晚了，学校宿舍大门已锁，喊来传达室工作人员才打开。选拔是在全国范围内进行，考试异常严格，王虹清楚地记得，当时仅北京地区就组织了 3 次考试，而后是华北地区的考试，经过努力，她以优异的成绩被针灸推拿专业录取，幸运地成为第一批视障大学生。进入大学后的王虹明白，虽然没有健康的眼睛，但只要努力付出，一样可以拥有明亮的梦想。她深知自己得到今天这样的学习机会不易，加倍地努力学习。她就像一个如饥似渴的婴儿吮吸母亲的乳汁一样钻进了知识的海洋，图书馆里常常看到她的身影。她不光钻研书本知识，还给自己提出一个更高的要求，向党组织提交了入党申请书。她说："我入党不是为当官，我把它当做激励我上进的动力，时时刻刻提醒我、激励我前进。"三年的大学生活一眨眼就过去了，1991 年，大学毕业的她放弃到大医院工作的优厚待遇，选择了清贫的工作——回到北京市盲人学校当教师。当时，社会上流行的一句话：家有三斗粮，不当孩子王。她却说："我是一个盲人，我更了解他们的需要，知识可以帮助盲人改变命运，我有这方面的条件，我应该这样做。"

刚到盲校按摩中专当老师的王虹既兴奋又有些紧张，作为班主任，她要面对许多比自己年龄都大的学生，作为专业教师，她要面对这些同样有视力障碍、需要特殊教法的学生。极少在众人面前讲话甚至跟陌生人说话都会脸红的王虹感到从未有过的压力。这时候，她那种特有的执著和认真劲儿又发挥了作用，她以校为家，把几乎所有的业余时间都用在了备课以及和学生的交流上，用她自己的话说叫"笨鸟先飞"。从此，她过上了一种苦行僧般的生活。教不比学，首先对知识要融会贯通，然后采用适当的方法教给学生，要深入浅出，通俗易懂。这对于一个没有学习过教学教法的人就更难了。为了讲好每一节课，她要在课下做大量的工作，先把课本反复研读，体会大纲的教学要求，再在头脑中理出课堂教学顺序，再写教案。教案写出来后，自己再反

复修改，然后向老教师请教，提意见，再修改。有时为了一个词语用得是否准确，她要向许多老师请教，反复推敲，再试讲，发现问题再改正。备课是得准备，而王虹是真正的"背"课。她把上课要讲的每一句话反复琢磨了一遍又一遍，把可能碰到的问题想了又想。很快，同学们的认可给了她自信。她把自己的障碍变成优势，因为自己是盲人，她更加知道学生的困难，知道怎样让盲学生学会，她和学生亲切、平等地交流，把自己的思想和经历与学生们分享，鼓励他们自强乐观地学习和生活。逐渐地，学生们把她当成了知心姐姐，那些曾经经常捣乱的男生们为了不给他们的王老师添麻烦而变"乖"了，许多同学主动协助她做班级工作。有人说：搞特殊教育需要特别的爱心，王虹老师从来没有把自己的所作所为和那些崇高的词汇联系到一起，但她正是以朴实自然、润物无声的教育实践感染着一批又一批的视障学生。十几年过去了，她教过的学生几乎都成了她的朋友，每到过节她都收到上百条的问候短信，这成为她足以自豪的人生财富。

做一名合格的教师并不是王虹的追求，她要成为一名出色的专业教师。而这需要不断钻研和学习，她知道，按摩是一种经验性非常强的技艺，没有丰富的临床经验而只是纸上谈兵是远远不够的。因此，她充分利用为同事和门诊顾客热心服务的时机认真钻研病例，利用在北京按摩医院带教实习的机会，虚心向老专家求教，多年的积累使她成为校内公认的手法最好的教师。2004年，北京联合大学特教学院首次招收"专升本"针灸推拿函授班，为了充实和加深自己的理论知识，已经是35岁、早已获得高级职称的王虹老师和她的许多学生一起报名参加了学习班，经过3年的学习，她不但出色完成了所有学科，而且她努力学习英语，成为通过英语考试获得学士学位的少数学员之一，作为"优秀毕业生"接受了中央人民电台的专访。

凭着自己的好学和敬业，王虹老师成为一名经验丰富、受到学生和同事尊敬的优秀教师，她被评为"海淀区优秀特教教师"、北京市职业系统"青年骨干教师"。

成立学校自己的按摩实训基地一直是王老师的梦想。2001年，在王虹老师以及学校领导老师的共同努力下，北京盲校的按摩实训基地——北京健桥盲人按摩中心终于成立了。王老师被安排担任新成立的基地的经理。根据要求，基地完全是市场化运作，同时要安排好学生的实习工作。这对于没有任何经营管理经验的王虹老师来说无疑是一种全新的挑战。王虹老师勇敢地接受了这一任务。作为北京第一家公立的保健按摩机构，基地在创办初期并没有得到有关部门的足够理解和支持，在校领导和老师们的支持下，她克服了出门坐车不便的巨大困难，开始频繁地在上级教委、工商、税务、城管、残联、银行等部门奔走协调，以特有的人格魅力赢得了有关部门领导和办事人员的尊敬和支持，也赢得了他们对残疾人和残疾人事业的理解和支持。她虚心吸收行业经验，为实训基地制定了一套完整的制度，包括安全、服务、实训带教、工资等一系列规章制度，使基地成为北京地区最规范的按摩店之一；她研究带教实习的经验，不断提高带教实训效果，由她牵头完成的北京教科院职成所"十五"课题——"盲校按摩实训基地带教与实训科学化研究"课题取得丰硕的成果，获得专家高度称赞。她研究服务规律，努力开拓市场，创造了"双向美容按摩"等多项特色按摩服务项目，在完成学校实训任务的同时创造了很好的经济效益。2005年，由王虹老师亲自辅导的健桥按摩中心代表队参加了全国首届按摩技能大赛，获得了北京赛区的第一名和全国金奖。几年来，按摩基地连续获得"北京市窗口服务单位"等荣誉称号，成为北京地区的品牌按摩店，也成为全国盲人按摩学校的成功典范。几年来，她的按摩店接待了大批外宾以及各级领导、兄弟盲校和按摩同行的参观，取得了巨大的社会效益。

在繁忙的教学和管理工作中，王虹老师不忘钻研业务，她不但出色完成了有关实训基地管理方面的研究课题，而且亲自参与临床研究，有多篇学术论文发表或获奖，2005年，她的《传统按摩手法和足底反射区疗法相结合治疗乳腺增生的研究》在第一届亚太地区按摩大会上宣读。她应邀参加多部按摩教材的编写工作，多次为中残联等部门培训高级按摩师，曾应邀到美国、日本和香港讲学。由于她在按摩临床、经营服务以及按摩教学方面的突出成就，她被劳动部聘为"保健按摩高级考评员"，2005年，经过严格考评，她被评为全国唯一的在教育系统的按摩副主任医师。

在完成本职工作的同时，王老师积极参与社会事务。目前，她担任北京盲人按摩协会会长、西城区盲人协会副主席等多项职务。由于她的个人成就和影响，2006年，她被评为"全国残疾人就业明星"。2008年奥运会就要在北京开幕了，王虹老师作为特别推荐的志愿者，正在积极准备着为奥运会和残奥会作出自己的贡献。

作为一名有视力残疾的人，王虹老师的成功经历让人感慨，她集教师、按摩专业医师、经理和残疾人社会活动者于一身，而且在各个方面都取得了突出的成就，她用实际行动谱写着一曲自强不息的生命乐章，成为她的学生甚至是健全人学习的榜样。

王虹老师在北京市盲人学校工作17年，她总是默默地做着自己的工作，一步一个脚印，脚踏实地地前行。鲜花、掌声没有让她沉醉，她有更高远的理想：帮助更多的视障人，让他们过上幸福生活。

采编：付雪松

▲ 沈雪飞

我们都是和自己赛跑的人，为了更好的明天拼命努力，前方没有终点，奋斗永不停息！

——沈雪飞

## 前方没有终点
### ——记北京市盲人学校盲人教师沈雪飞

2004 年 9 月 27 日的《北京青年报》刊登了这样一则新闻：北京首届职业技能大赛保健按摩单项比赛昨天降下帷幕，经过三轮的角逐，盲人沈雪飞战胜正常人，在 48 个决赛选手中夺得第一名，并将获得"北京市技术能手"称号。

谈起那次比赛，雪飞平静而又简单地介绍说："这是第一次纳入残疾人选手参加的保健按摩比赛。预赛时有 1000 多名参赛者，经过理论考试、实操表演和综合素质测试三个环节才能决定一个选手的最终成绩。"北京市技术能手"这是一个多么耀眼的光环，我没有看到他谈到荣誉时的兴奋、激动，深深感受到的是他的谦逊。

小学二年级的时候，雪飞被诊断为先天性黄斑变性，医生说这是一种无法治疗的眼病。这消息对全家是一个沉重的打击，但父母仍不甘心地带着雪飞在各大医院奔波，寻求一线希望。医生的诊断都大同小异，小雪飞也从大人们的谈话中朦胧地意识到自己将来的路可能会充满艰辛。四年级时，即使坐在教室的第一排，雪飞也看不清黑板上的字了，课本上的字也要凑得很近才能勉强看清，没法看，他就用耳朵听、脑子记，课上能学多少就记住多少。靠着医院配来的助视器和

113

放大镜，他以顽强的意志和同学同步完成学习。在小学升初中的考试中，他是全年级唯一一名数学满分的学生。小学毕业那天，班主任送给他一个铅笔盒，号召全班同学向雪飞学习，并语重心长地嘱咐雪飞将来在学习中无论遇到什么困难都要坚强面对。

1991年，雪飞迈进了中关村中学的大门，开始了初中生的学习生活。有一些同学嘲笑雪飞是瞎子，面对嘲笑，雪飞把泪水悄悄咽到肚子里，倔强的他在心里坚定一个念头：要让嘲笑过他的同学对他刮目相看。每天的家庭作业总要做到深夜才能完成。中午，同学们都去操场上玩，雪飞一个人在教室里拿着放大镜补当天的课。频繁的使用助视器也让雪飞感到头晕恶心，但他坚持着。学校老师了解情况后，放宽了对他的要求：只要会了，作业甚至可以不写；也有很多同学热心地帮他讲课、抄练习题。这些温暖不断激励着雪飞，给他无穷的力量。他没有躺在照顾的温床里自惜自怜，反而学习更加努力。初二时一次意外，雪飞的右腿摔断了。面对即将开始的初三，雪飞的意志几乎崩溃了，一连几天躺在病床上流眼泪，想象着同学们学习的场景，觉得自己的未来十分渺茫。好心的同学帮他做课堂录音，老师帮他补课。在老师、同学的帮助和自己的努力下，雪飞顺利地跟上了初三的学习，成绩也逐渐上升到中上游。雪飞成为同学们学习的榜样，老师总是对同学们说："像雪飞一样刻苦学习，没有学不会的。""一分耕耘，一分收获"，雪飞以优异的成绩考取本校的高中。

上高中，考大学，这是雪飞期盼已久的梦。高中的大门刚刚敞开，可雪飞的视力也在急剧下降。严峻的事实摆在面前：他的身体已不适宜读高中。经过几个彻夜不眠的思想斗争，雪飞最终无奈地放弃了高中学习，含着眼泪把录取通知书压在了抽屉的最底下。1994年9月，雪飞怀着异样的心情走进了盲校的大门。放弃高中学习本已是无奈的选择，生活在这样一个陌生而特殊的环境中，更让他感到与正常群体的割裂。盲校里的同学大多是先天失明的，他们带给雪飞自然的亲切感。他们乐观、积极向上的生活态度深深地感染着雪飞。"同是天涯沦落人"，和这些同病相怜的人生活、学习在一起，同样有着与命运抗争的信念……慢慢地，雪飞融入并适应了这个真正属于他的群体。按摩理论知识对雪飞来说学起来还算轻松，但练手法却异常艰苦。身强体壮的同学一节课下来都会汗如雨下，书生气十足的雪飞更是常常累得精疲力竭，甚至吃饭时拿筷子的劲儿都没有了。可就是这样练，他的手法还是不合格。看着别人在进步，他几度想打退堂鼓。可每当想到未来的出路，就又硬着头皮狠下心去练。为了增强体能，雪飞坚持每天锻炼，做俯卧撑、单双杠，还跟父亲买回家一对哑铃专练臂力。"功夫不负有心人"，经过三年的磨炼，到中专毕业时，雪飞不但学习成绩名列前茅，按摩手法也与同学们不相上下，还被评为了"海淀区三好学生"。

就在同学们都忙着四处找工作的时候，雪飞却放弃了挣钱，他有自己的想法——寻求进修机会，进一步提高按摩技能。经过几番周折，他终于联系到了空军总医院理疗科继续学习按摩。虽然老师对他很好，但由于那时雪飞年龄小，视力很差，许多病人怀疑雪飞的能力，不乐意接受他的治疗，有的病人甚至轻蔑地说："自己都照顾不了自己还能给别人看病。"听到这样的议论，雪飞忍了。他心里只有一个想法：只要能学到本事，没有什么忍不了的。在那短短的四个多月里，雪飞学到了很多临床经验，得到了大量宝贵的实践机会。中风后遗症的患者是大夫们最不愿做的一类病人，费时间又麻烦，但雪飞却不嫌弃，虚心向大夫们请教，不断钻研。当他看到一位内囊出血的阿姨经他独立治疗一个月后能扶着轮椅慢慢行走时，他的想法更加坚定了——把按摩治疗作为终生的事业。

实习结束了，正赶上北京办了针对残疾人的高职班。1998年秋，雪飞以优异的成绩和饱满的热情考入了联合大学中医药学院。雪飞抓住这个渴望已久的深造机会，全身心地投入学习中。为了更好地把课堂知识消化，他录制了上百盘课堂讲座的磁带，整理的盲文笔记摞起来有一人多高。雪飞不仅学习好，而且兴趣广泛。雪飞是班长，经常组织班里的同学一起放风筝、滑旱冰、打羽毛球，联合其他班搞足球比赛，教同学弹吉他，他们还组建了一个小乐队。1998年底，在中医药学院艺术节会演中，他们的节目在学院引起了不小的轰动。1999年，因学习成绩优异和多才多艺的表现，雪飞取得了北京联合大学一等奖学金，同时被评为"校三好学生"和"北京市三好学生"。2000年，被评为"北京市自强模范"。

2001 年雪飞大学毕业了，他幸运地成了一名光荣的盲校教师。但因为是大专学历，所以，他只能教一些小课或作大课的助教。于是，他一边学本科的课程，一边工作。为了能走进学生心里去，他和学生们吃在一起，玩在一起，住在一起，像朋友一样。他经常利用晚上的时间给学生补课，经常忍着疼让学生在他身上练踩法。看到学生的进步是雪飞最快乐的时候，当听说一名几乎科科不及格的学生经过他的辅导通过了解剖考试的时候，他高兴得嘴巴都合不上了，就像自己考试得了第一名一样。雪飞希望他的学生将来都能自食其力，和普通人一样正常地生活。

2002 年至 2004 年，雪飞和王虹老师一起开始了健桥按摩中心的创业工作。雪飞说："这两年，我是教师、按摩师、管理者、经营者，多角色的身份转换，使我的心理迅速成熟，也使我的按摩技能迅速提高。"身临一线的经历为雪飞后来的比赛以及教学打下了坚实的基础。2002 年夏天，雪飞带领两名学生参加了全国保健按摩邀请赛，经过两轮复赛，他们夺得了决赛团体一等奖的好成绩。2004 年在"北京市新世纪职业技能大赛"中雪飞又一举夺得了按摩师工种的冠军，并被评为"北京市劳动技术能手"。2007 年 12 月，雪飞和学生代表北

**毕业生风采** Excellent Graduare

沈雪飞：1997年毕业于北京市盲人学校按摩中专，2001年从北京联合大学毕业后回母校任教。2000年被评为"北京市自强模范"；2004年获北京市新世纪职业技能大赛按摩师工种冠军，并荣获"北京市劳动技术能手"的光荣称号。

脚踏实地，从现在做起！

北京市盲人学校

京盲校参加了北京市中等职业学校职业技能汇报活动，精彩的表演充分展示了残疾人执着刚毅的品质和顽强拼搏的精神，受到了市领导和职教同行们的一致赞许。为了不断地更新知识，雪飞始终没有停止过学习。他是北京第一批使用读屏软件的盲人，在课堂上，他熟练地操作多媒体授课。2008 年初，雪飞顺利地完成了续本学业，并取得了学士学位。

雪飞非常热爱自己的工作。工作已经八年了，他的许多学生实现了就业，走进了社会，摆脱了靠救济扶助的生活，成为一个自立的人，有的已成为行业中的骨干力量，有的甚至开了自己的企业。雪飞说，学生的成绩就是他自己人生价值的体现。

"机遇总是垂青有准备的人"，当机遇和挑战来临，多年勤奋的积累使雪飞总能牢牢地抓住机遇并勇敢地接受挑战，而一次次成功的喜悦更赋予雪飞继续奋斗的信心和力量！

"我们都是和自己赛跑的人，为了更好的明天拼命努力，前方没有终点，奋斗永不停息！"雪飞把这句话当作自己的座右铭，鞭策自己不断进取。我觉得：雪飞就像一面树立在视障学生面前的旗帜，给他们指引方向，引领他们跑得更快、更远。

采编：付雪松

我的一切成就，都是家幸福的，因为我生活在一个无比优越的社会制度下。

邵作夫

## 文教战线的标兵
### ——记盲人数学教师邵作夫

邵作夫，是我校 70 届毕业生。他的中学时代，正赶上十年动乱时期，所以没有学到什么知识，但是他对于智力游戏很感兴趣，象棋下得非常好。当时，老师们用木板和铁丝给学生们做了盲人棋盘，很多同学都学会了，于是互相比赛，邵作夫在这种活动中很快显示出了他优秀的才能和超人的智慧，很多同学甚至老师都成了他的手下败将。

初中毕业后，邵作夫被分配到橡胶五金厂当了一名工人，业余时间，他自学了初高中数学课。学然后知不足，盲人能不能上大学，接受高等教育，对此，邵作夫跃跃欲试……

"我希望能在贵校进修数学系课程！"1979 年暑假前，高大魁梧、相貌堂堂的邵作夫站在北师大教务处领导面前。看着那双大而没有光彩的眼睛，那位同志惊讶得说不出话来。经过多方面的奔走呼吁、据理力争，邵作夫终于如愿以偿，成了北京师范大学数学系的一名大学生。

"宝剑锋从磨砺出，梅花香自苦寒来"，五年的大学生活，邵作夫遇到了难以想象的困难。每天，他风雨无阻，握着盲杆摸索着去上课，利用业余时间，抄写几百万字的盲文讲义，累得手臂酸疼，手指几乎抽筋。上课时，看不见图形，老师在黑板上匆匆画画，三言两语，明眼人即可一目了然，邵作夫却茫无所知，如坠云里雾中，急得他眼睛发炎，嘴上起泡。旁边的北师大同学有时抽空把黑板上的图形复述给他。他的用心之专，领悟之快，使明眼大学生甚为叹服。从此，每当他脸上出现困惑、苦恼的表情，就有热情的同学来到他的身边。大学教师也被这位勤奋好学的学生所吸引，他们从百忙之中抽出时间，专门为他补课。他终于以优异的成绩拿到了北京师范大学数学系的大专文凭。

北师大毕业后，邵作夫更上一层楼，又参加了"应用数学"的自学考试。这次难度更大，既无老师面授，又无同学帮助，完全是孤军奋战。他请父母、兄弟用线绳粘在纸上，做成凸起的图形，把教材录音……

一点点地听，反反复复地摸，一道题一道题地演算，茶饭无心。过度的劳累使他本来白皙的脸色更加苍白，三十几岁的人开始谢顶了。家人心疼他，劝他差不多就行了。他说："明眼人能做到的事，我一定要做到；明眼人做不到的事，我也争取能做到。"又拼搏了三年。1989年，邵作夫顺利通过"应用数学自学考试"。拿着两个大专文凭，邵作夫回到他的母校——北京市盲人学校，成为一名中学教师，把他的知识，把他的自强、自立、拼搏奋斗的精神带回了母校。

邵作夫干一行爱一行，到了学校，他一心扑在教学工作上。为了抓紧时间熟悉教材，他平日不回家，住在学校里，经常备课到深夜，他辅导的学生参加海淀区中学生希望杯数学竞赛，获得了好成绩。

学无止境，艺无止境，邵作夫的可贵之处，就在于他永不满足现状。在教课中他发现，现有的盲文数理化符号太少，太贫乏，远远不能适应高科技时代的要求。于是，他与盲文印刷厂的同志一起，着手盲文数理化符号的编写工作。从此，他白天上课，晚上编书，寒暑假及所有的节假日经常取消，全身心地投入工作中去，终于编出十几万字，包括电脑、计算机的两千多个符号的《中国盲文数理化符号集成》一书。1990年12月，邵作夫赴香港参加中港第二届点字研讨会。该书得到港台同仁的一致好评，他们说：大陆同仁"敢做大手笔"，该书无论深度、广度都为他们所望尘莫及。1991年夏在日本召开的点字研讨会上，港台同仁怀着炎黄子孙的骄傲把邵作夫等人的科研成果推荐给世界各国，受到普遍重视，1991年12月，成果正式鉴定通过。

邵作夫同志事业有成，他的业余生活也是丰富的，举凡象棋、围棋、桥牌样样精通，他参加市、区比赛多次获奖，并在盲校带出了一批小棋手。邵作夫注重自身品质的修养，天气凉了，他不忘记帮盲人

兄弟安装火炉烟筒；灾区人民有难，他让父亲带领，到民政部门为灾区人民捐上100元钱。他说："我的一切成就，我的幸福家庭，都是因为我生活在一个无比优越的社会制度下。"

　　邵作夫那高高的身材、沉稳的步态、大度的举止，实在是盲人中的典范。

采编：黄智鹏

# 五、 恩爱夫妻，共创辉煌

▲ 史 敬 李爱军

自立自强是残疾人立足社会的根本。残疾人要生存下来，要改变自己的命运，实现自身的价值，从一个"废人"变成对社会发展出力的人，最终要靠自身的奋斗和拼搏。

——史敬

## 用自己的手开创自己的路
### ——记盲人夫妇史敬、李爱军

史敬，1989 年毕业于北京盲校按摩专业，经过 18 年的拼搏，用勤劳的双手开创出了一条属于自己的路。他 18 年的艰辛，让我们看到了一个坚强、自信、勇于拼搏的新时代的盲人榜样。他被人称为按摩师、老师、残疾人事业志愿者、崇文区盲人协会副主席和北京市残疾人自强模范等等。2004 年，他被评为"北京市残疾人就业明星"，在同年举办的"北京市盲人按摩大赛"中，荣获了二等奖；后来他又以优异的成绩，获得了市残联颁发的《按摩教师资格等级证书》；先后被评为市、区残疾人自强模范，并连续四年被评为"北京市盲人保健按摩文明服务标兵"；通过网上学习拿下了第一批"中国盲人心理咨询师"等级证书……受到了贾庆林、回良玉和邓朴方的接见，以及市、区残联等政府领导的表彰和肯定。他不但自己开创了一条就业的途径，更不忘为更多的残疾人就业服务，被崇文区培智学校聘请为就

业指导老师。他除了是一名优秀的按摩师、老师之外，特长便是唱歌、朗诵，1992 年获得宣武区唱歌比赛优秀奖，1994 年获得了三等奖。

古人说："筚路蓝缕，以启山林。"意思是驾着柴车，穿着破旧的衣服去开辟山林，以此来形容创业的艰辛。这句话描述的劳作虽然艰苦，但又似乎有一点优哉游哉、不紧不慢的诗化效果，是初民生活劳作的生动写照。但是，对盲人夫妇史敬、李爱军来说，要在北京这样竞争激烈的大都市开创一点事业并持续发展下去，并不是"筚路蓝缕"四个字能形容得尽的。

1989 年 7 月，史敬离开了母校，从此便踏上了艰辛而漫长的人生历程。面对待业的焦急、贫穷的压力、七八口人挤住在一起的破旧小屋，他茫然无助，不知所措。一个月过去了，两个月、三个月……究竟在等什么？终于，左邻右舍知道他学的是按摩专业，急性扭伤、腰腿酸痛、身体不适的人带着好奇和试一试的心理找到了他。最开始的一块豆腐、两棵白菜、三斤苹果，就是他的劳动所得，尽管如此，这些也让史敬体会到了"山重水复疑无路，柳暗花明又一村"的美好感受。

男大当婚，女大当嫁，盲人也要成家呀！1992 年的春天，家里其他人都各自有了新居，这间十几平方米的小屋就成了他与妻子李爱军的新婚洞房。妻子也是盲人，自那时起，俩人便承担起了家庭的重担。因为史敬家居住的大杂院又窄又深，来做按摩的很少，每人 3 元的收费就是他们微薄的生活来源。

1993 年的初春，女儿佳音喜降人间，为他们的家庭平添了几分生机。可是，"天有不测风云"，孩子刚出满月就患了肺炎，住进了医院。残酷的现实再次摆在面前，孩子的多病、经济的窘迫、债务的压力……使夫妇俩欲哭无泪、欲喊无声。每日除了繁重的家务、按摩工作，还要给孩子煎汤熬药，他和妻子真的快要支撑不住了！

熬汤药对于健全人来说，都不算容易，对他来说就更难上加难了。水放多了，孩子喝不了；放少了，又担心熬糊锅。开始总掌握不准，好不容易熬好了，却倒不出几滴药液。后来，经过反复尝试，终于摸出了经验，熬出的药液不多不少，刚好够女儿喝一顿。熬完药还要端着药锅走出幽深的胡同倒药渣。不久女儿的病终于痊愈了。

1998 年岳母离休，把 5 岁的女儿送到了岳母身边，进行学前教育，他们便摆脱了家庭的束缚，毅然决然投进了席卷大江南北的打工热潮。在此期间，他们不但要干好本职工作，还要不辞辛苦，到处拜师取经。随着技艺不断提高，囊中羞涩之感悄然而去，他们不但还清了几年的债务，而且还有了少量结余。

1999 年 5 月，北京市残联免费开办了首期高级盲人按摩师培训班。得知此讯，他如同干渴的幼苗盼到了及时的春雨。通过了培训前的考核，夫妇俩便开始了边打工边深造的紧张生活。

史敬打工的地方在方庄小区，学习却在广安门北京市残联。从方庄到残联，除了坐车还要走两站地的路程。不管前一天干活儿到多晚，早晨必须 7 点钟起床，他们克服了健全人难以想象的炎炎的烈日、路途的艰难、雨天的泥泞……从来没有迟到和早退过。3 个月过去了，他们虽然完成了 10 门课程，但心里还是七上八下，因为只能在结业式上得知是否能拿到高级职称。

结业的前一天，当史敬服务完最后一个客人，已经凌晨 2 点钟了。草草洗漱完毕，便沉沉睡去。第二天醒来，已是早晨 8 点。9 点就要到市残联参加结业典礼，他一骨碌爬起来，早饭也顾不上吃，洗了把脸，拉上妻子，冲出房门，直奔车站。简单说明一下：夫妇俩每次出行，史敬是"先锋官"，妻子当然就是"元帅"。他的任务就是扫清路障、排除艰险，尽量让"元帅"平安无事。

他们坐 12 路，换 6 路，老天保佑，真是人顺车顺，一路畅通啊！下了车，他按了下语音报时表，8 点 50 分，时间不等人！盲杖如同"鸡啄碎米"，在路面上不断地敲击着，他拿出从来没有过的惊人速度：过天桥，穿胡同，躲过路旁一棵棵树和一根根电线杆，绕过停在路边的汽车和自行车……他不停地按动报时表，还有不到 3 分钟的时间了，他们再上一段小坡道，就能跨进残联的大门了。

大汗淋漓、气喘吁吁的他们发起了最后的冲刺！可就在这时，突如其来的事情发生了：由于他走得太急太快，紧张疲惫之下，脚底猛地一滑，重重地摔倒在残联的门口。胸肋部疼痛难忍的他在地上趴了 1 分钟，心里焦急地喊着："快起来，不能迟到！"在这个意念支撑

——北京市盲人学校优秀毕业生事迹集

下，他在妻子和门卫的搀扶下坐了起来。史敬拉着门卫的手急切无力地说："麻烦你，快把我们送……送到会场!"当他们下了电梯，跌跌撞撞踏进会场时，上课的铃声也响了。谢天谢地：他们没有迟到!

可能是在考验他们的耐心吧，老师和领导的发言足足占了一个小时。校长终于在台下热烈的掌声中走上了主席台，这时他们的心已经提到嗓子眼儿了!"我来宣布本期培训合格同学的名单：崇文区的史敬、李爱军……"下面的话史敬什么也听不见了，也忘了刚才摔跤时的疼痛，剩下的只是激动和兴奋了!当他捧着那本渗透着艰辛与汗水的证书时，再也掩饰不住喜悦的心情，泪水顺着面颊无声地滑落下来。

去史敬的家之前，我以为双双失明的夫妻的感情基调理应是苦难的、悲凉的，但是，史敬却把这些艰难的事情讲出了趣味，就好像这些事情对他来说就是一次难忘的娱乐活动，居然还有点兴高采烈、津津乐道的意思；妻子李爱军认真地听丈夫的讲述，不时地做着补充，就好像那些事情对她来说同样乐趣无穷。

2000年6月，夫妇俩终于结束了打工的生涯，开办了属于自己的"顺康盲人保健按摩院"。没想到的是，开业快一星期了，小店竟然没有一个人光顾，史敬急得长出了两只大"眼睛"（麦粒肿）。面对每月1000元的房租，和日常开销，他们怎能不着急呢？后来在家人和朋友的帮助下，他们在小区门口进行了整整3天的免费按摩。

功夫不负有心人，他们接待的第一位客人是公交总公司的书记赵女士。当时赵书记处于严重的亚健康状态，周身乏力，失眠多梦。经史敬三次认真调理后，她工作时精力充沛了很多，睡眠也有了明显改善。她逢人便夸史敬的手艺好，并把自己的亲戚朋友也带了来。从此，小诊所有了第一批客人。

为了营造一个轻松舒适的按摩环境，他们精心准备了音响、电视、报刊等，墙上挂着某杂志美编为了答谢他们亲自作的画，以及书法爱好者挥毫泼墨的赠言："淘乐在其中"。既给诊所平添了几分书卷气，又使客人尽情地体会保健按摩带来的舒适和愉快。为了预防雨雪天的不便，他们还特意准备了各种雨具，使客人有宾至如归之感。

史敬夫妇不但把客人当作上帝，更把他们当作自己的亲人。特别是对老人和儿童，更是耐心细致、服务周到。80岁的五保户王奶奶，

124

一日雨后，不慎滑倒，踝部扭伤。邻居推着她来到诊所，他得知详情，便毫不犹豫地为她免费治疗，直到痊愈；有的小孩儿，作按摩时不配合，他就给孩子们讲故事，或是放 DVD 动画……

　　每天迎来送往各个阶层、行业的人们，他们带来社会上方方面面的信息，开阔了夫妇俩的眼界。店面虽小，却是一个反映社会的窗口，也是一个沟通残疾人与健全人的桥梁。

　　工作之余，他坚持学习，努力提高业务知识水平。2003 年"非典"肆虐，按摩所停业期间，他并没有荒废光阴，参加了电脑培训班，在盲用语音软件的辅助下，他在网络世界中遨游，搜集阅读了大量的按摩医学书。他们还不畏路远，坚持参加各种按摩知识讲座，并把新学的知识充分运用在客人身上：手法的轻、重、缓、急、刚、柔，以及渗透的程度都因人、因情而异。不断的学习使他的按摩技术突飞猛进，得到了广大居民的一致好评。

　　史敬经常说："自立自强是残疾人立足社会的根本。残疾人要生存下来，要改变自己的命运，实现自身的价值，从一个'废人'变成对社会发展出力的人，最终要靠自身的奋斗和拼搏；靠家人、朋友和其他人，只能靠一时，靠不了一世，况且，一个大活人也没有理由把自己抛给别人，没有理由轻易放弃掌控自己命运的天赋之权，更没有理由给自己爱的人们留下阴影和焦虑。我们没有视力，我们还有双手，我们缺手，就用脚，即便我们手脚残缺不全，我们还能用我们功能最强大的武器——大脑。"但是，史敬也告诉我："残疾人不能单枪匹马孤军奋战。乍一听，这话怎么跟自立自强有点冲突呢？其实并不矛盾。在这个倡导和谐、互利双赢的社会和时代，任何个人的力量都是有限的，重要的是能不能充分利用各项社会资源，自力更生，服务他人，真正实现利人利己。例如，做按摩师，不但丰衣足食，还为人解除疼痛；在崇文区培智学校讲解按摩课，不但使自己的按摩理论和技艺水平得以全面提升，还授人一技之长，为一个充满忧虑的家庭带去了希望；做区盲协副主席，为盲胞办实事，又使自己在和大伙儿的交往中找到了快乐和责任……"

　　开业 8 年来，他们已接待宾客 3 万余人，不同的是客人来自各个城区，相同的是对他们的服务都很满意。史敬的生活充满了自信和阳

光，客人也因此越来越多。

史敬、李爱军夫妇是盲人，令他们没想到的是，他们和一群特殊的孩子结了缘。这群孩子就是崇文区培智中心学校的智障学生们。无论刮风下雨、严寒酷暑，每逢周五，崇文区培智学校四楼一间并不宽敞的教室内，总有一位身穿白大衣，戴着墨镜的盲人，在声音洪亮、一丝不苟地为他的一群特殊的学生授课。他就是学校特聘按摩教师史敬。那么他又是怎样走进培智学校，当上了一名特聘教师的呢？这还要从头说起：2004年底，在市残联的残疾人先进个人表彰会上，一口厚的男中音，在声情并茂地给大家讲述自己十几年来的创业经历——他就是"北京市残疾人自强模范"史敬。他风趣的语言，开朗的性格，吸引着观众，随着他的讲述，台下的人们时而低头擦泪，时而又发出一阵阵善意的笑声。

会后，一双大手拉住了他："史大夫，你讲得真好！我是咱们崇文区培智学校的张校长，想请你去学校给孩子们讲讲保健按摩，怎么样？也好让他们走出校门后有一技之长。"史敬略沉思了一下，张校长好像看出了他的心思，便说到："您不用担心，我让您教的这个班级是全校特长班，也叫职训班。他们的年龄都在十七八岁，智障很轻，反映虽然稍慢些，但是头脑却很清楚。""张校长，我从来没给学生讲过课，如果误人子弟，我可担待不起啊！""您就别推辞了，我看您能行。"史敬虽然看不见，但他却感受到了张校长此时那热切的目光。都是残疾人，同病相怜，他有责任和义务去关心这些孩子们。想到这儿，他郑重地说："好，那我就试试吧。"

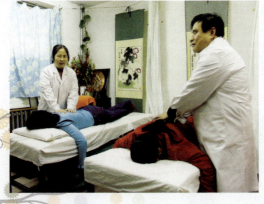

回到家里，史敬想到按摩课程没有一套适合智障学生使用的教材，就动手自己编写。每天忙完小诊所里的事，他就坐在电脑旁，寻找有关的按摩资料，结合自己十几年的按摩经验，通俗易懂地把他

们用语音软件敲出来。为了让同学们有个直观的印象，他写出文字教材后，还请人配上图片，便于大家理解、学习。

寒假过后的第一个周五，早晨，史敬手执盲杖，在张校长陪同下走进了崇文区培智中心职训班教室："同学们，这位是史老师，从今天开始就由他为我们讲授保健按摩课程！"张校长的话音未落，学生们便齐声喊到："史老师好！"随之爆发出一阵热烈的掌声。史敬被这热情的场面深深地感染了，他激动地说："同学们好！我叫史敬，老师不敢当，我也是残疾人，所以更确切地说，我们应该是一个'战壕'里的朋友！"听了史老师的话，教室里又是一阵热情洋溢的掌声和笑声。

人们都说盲人记忆力好，耳朵灵，这话一点儿没错。他让每个同学分别介绍了自己，两节课后，就可以随口叫出全班二十几个同学的名字，而且毫无差错。

为了让学生们找准穴位，他仔细地在人体模型上用胶条把每个穴位都作了标记，给大家看。讲课时，他不厌其烦，为了让大家掌握得更加全面，他经常是一个问题要解释很多遍。

史敬带大家练习手法的时候，更是精益求精：他不怕麻烦，每一个手法都要自己亲自在每个同学身上反复操作，然后再让他们在自己身上体会，直到满意为止。有的同学学习很吃力，史老师便牺牲自己的休息时间，单独给这些孩子讲解。他的目标是让所有的同学都跟上进度，不掉队。

每一个单元学过后，史敬都要进行考试。理论采取抽签口试的方法；实操考核对于健全老师不算什么，可对于史敬就不那么容易了。学校让班主任协助史敬授课，在手法考核时，史老师完全可以让助手看着就行了，但是为了让每个同学都能熟练掌握，史敬却没这么做。他不怕麻烦、不图省

事，一个个摸着大家做，用心体会他们手法中的每一步是否准确、到位。刚刚考过三五个学生，他就已经累得满头大汗了，虽然如此，可他还是继续坚持，直到考试结束。

转眼一年过去了，同学们从对中医按摩一无所知，到对这门技术产生了浓厚的兴趣，这与史老师严谨认真的教学是分不开的。这门技能课得到了校领导的充分肯定，也得到了家长们的支持和认可。

有个叫沈璐的学生家长特意来家看望史敬，他说自己的孩子进步很大，每次回家都在父母身上练习老师教的手法。他们有什么不舒服，孩子也会用学到的知识为父母解除病痛。那位家长拉住史敬的手说："孩子能有今天的成绩，多亏您啊！"史敬却不好意思地笑了："您千万别这么说，这是我应该做的。"是的，史老师为了给孩子们讲课，经常耽误自己的生意。但他毫无怨言，更没有把这些智障孩子看低。他总说，和这些孩子在一起觉得很快活，他们单纯、善良、热情。说到这儿，史敬显得很激动："每次课间，孩子们都会主动问我要不要去卫生间，帮我倒水，扶我上下楼……所以我没理由不好好教孩子们。只要他们爱学，我就会心甘情愿地教下去！"

去年教师节这天，职训班的同学们在史敬的带领下，送给了全校几十位教职员工一份特殊的礼物：那就是为每位教师免费按摩。

在史敬的工作笔记上有这样一段话："我们的躯体残缺了，但我们的心灵不能残缺。仅仅做到残而不废是不够的，更重要的是要残而不卑、残而不怜。当我们向社会要求与健全人享受同等权利的时候，也不应忘记向社会承担与健全人同样的义务，不应忘记造就一颗与健全人一样的有血有肉、有情有爱的心灵。我们的躯体残缺了，但我们的心、我们的爱却应该是健全的、完整的！

可喜的是女儿渐渐地长大了，成了他们的一双小眼睛，在母亲节的时候，她送给他们一首诗《我是圆圆的小月亮》。

　　我是圆圆的小月亮，自豪地挂在爸妈的心上。
　　黑暗中有我相伴左右，让他们的心中充满希望！

　　我是圆圆的小月亮，微笑着挂在爸妈的心上。

赶走了孤独和寂寞，让欢乐陪伴在他们身旁！

我是圆圆的小月亮，骄傲地挂在爸妈的心上。
出行时我为他们引路，再也不用担心磕磕撞撞！

我是圆圆的小月亮，幸福地挂在爸妈的心上。
让和谐的小家充满欢乐，让多彩的生活洒满阳光！

　　史敬说他写过一篇文章《为你自己高兴》，是的，他们应该为自己高兴，与过去的自己相比他们已经大大地进步了。看住房，从破旧的平房，搬进了水电齐全的楼房；看经济，从向人借贷，到了略有积蓄；看事业，他们已经从打工族，变成了个体按摩店的小老板。

　　史敬说："想想那些日日夜夜在名利场上追逐不息、不能自拔的人，我有了一种悠悠然、陶陶然的快感，或许，这就是知足常乐吧。"是啊！现在的人们，得意时便一味地高喊奋发进取；失意时，又一味地哀叹活得太累，很难真正做到"不以物喜，不以己悲"。其实，这两种心态都是不正常的，所谓"大隐隐于市"，假如我们都能以一颗出世之心，行入世之事，便不知要省去多少烦恼。那么，就让我们笑看人生善待他人，也善待自己，在平平淡淡中去体味生活的真谛，去探求生命的意义吧！

　　编者记：很久以前就听说过史敬和李爱军的故事，从小就双目失明的他们是一对青梅竹马的伙伴，李爱军比史敬大了12天。从7岁起，他们就同时进入北京盲人学校读书，一起读完小学、中学，又一起考进了学校的按摩中专。在那里，他们相知、相爱了，但却遭到了双方父母共同的反对。史敬和李爱君知道，亲人的劝告有他们的道理，但是，爱的力量是无穷的，尽管知道以后的生活中将面临很多困难，他们还是作出了那惟一的选择。1991年12月，史敬和李爱军照了一张合影，领了结婚证，没有大肆铺张，没有请客送礼，两个人手挽手走进崇文区东壁街33号的那间小平房里，从此建立起他们自己的家。17年过去了，他们相互鼓励、相互支撑，一起前行。他们就像一小截

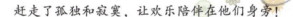

被命运丢弃的蜡烛，藏起眼泪，还给人们光明和希望。他告诉我：
"虽然看不到花开，但可以听到花开的声音。从不幸的人生谷底到乐观
向上地为人们服务，在黑暗的世界中，展现生命的蓬勃。"心灵的震撼
真的不需要过多的语言，我被她们的乐观、坚强、感恩、向上的生活
态度感动着，更为他们俩的爱情故事感染着……

采编：李莺燕

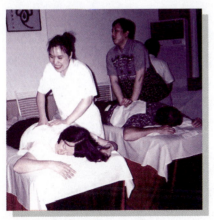

▲ 韩春玲　王 军

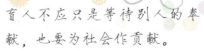

盲人不应只是等待别人的奉献，也要为社会作贡献。
——王军

## "爱心"夫妇　共创辉煌
### ——记"爱心"创始人韩春玲、王军走向世界

"北京爱心自强盲人按摩中心"是在北京市、朝阳区领导和市、区残联支持下，由盲人韩春玲、王军夫妇在"朝阳区麦子店爱心盲人推拿保健中心"基础上，于 2000 年 6 月，改制而成的盲人按摩股份制企业。

"爱心"自成立以来，先后开办 8 家盲人按摩中心，为数百位盲人和下岗职工提供就业机会，为数十万名保健者提供了保健服务，包括来自亚、非、拉等 30 多个国家的外国朋友和港、澳、台同胞。

目前"爱心"在北京市朝阳区麦子店和白家庄地区拥有 2 家分中心，营业面积共计 400 多平方米，总资产 300 多万元，安排接收盲人按摩师数十人。同时，"爱心"也在盲人自立自强教育、盲人按摩规范化管理和坚持"盲人管理盲人"等方面初步摸索出一条成功之路。

## 创业历程

"爱心"创始人韩春玲、王军，1982 年毕业于北京盲人学校按摩班，毕业后被分配到北京石景山杨庄盲人按摩诊所工作。他们深知自

己是盲人，得到社会认可不易，因此，对自己的工作极为珍惜，工作格外努力。很快，他们就以自己的技术和热情服务赢得了保健者的信赖。但由于诊所管理混乱，保健者由当初的门庭若市到后来的稀稀拉拉，单位每月只能发 60% 的工资。面对这种情况，韩春玲、王军不甘寂寞，不等不靠，开始了自己的创业道路。

1994 年韩春玲在北京广外大红庙地区，以每月 350 元租了一间不足十平方米的农民房，又向朋友借了两张按摩床和一张办公桌，开始了独立开办盲人推拿保健服务的第一次尝试。10 天下来，竟无一人光顾，家里人也是一片反对之声。最集中的反对意见是："不应该离开铁饭碗自己单干。""铁饭碗再不好，也比自己出来单独闯荡可靠。""一个看不见的盲人，能成什么事。"面对这些反对，韩春玲没有气馁。为表示他们的信心和决心，她把自己当时仅有的 1000 元钱交给家人说："这就算我们 3 个月的房租。如果 3 个月我们把房租都赔光了，我们就回单位，重端铁饭碗。"

命运并没有抛弃他们。几个月下来，韩春玲以自己精湛的技术和优质的服务，赢得了大批固定保健者。不仅挣出了房租，还为家里安装上当时十分昂贵的电话。

初次成功，使韩春玲认识到盲人推拿保健是有市场的，人们对具有专业技术的盲人提供的按摩保健服务是认可的，应该在此基础上进一步扩大，创造更多的就业机会，让更多的盲人兄弟姐妹也能加入进来，尽快走上自立自强的生活道路。同时他们也感觉到在经营管理方面的经验和知识不足，韩春玲决定留在北京坚守阵地，王军到经济和盲人按摩比较发达的南方地区学习锻炼。

王军先去广州，没有学到什么管理经验，却也体会到了一个打工仔的辛酸苦辣。之后又到福州，在一家私人按摩所里打工。幸运的是，店老板曾去过日本，他的思想观念、组织形式、服务信条、管理模式都很新颖，特别是在对盲人按摩师管理和业务的开发方面井井有条。来保健的顾客十分满意，生意在激烈竞争下十分红火。

王军带回的成功经验使他们认识到要想成就一番事业，不能仅把按摩当成盲人自己谋生的工具，还应把它作为自己的事业追求。盲人不应只是等待别人的奉献，也要为社会作贡献。

不久，韩春玲和王军在北京海淀区五道口地区开始了第二次创业，同别人合租一间80多平方米的地下室，合作开设了一间按摩推拿诊所。由于在经营思想、日常管理和业务发展上与合作者沟通困难，几个月下来，按摩诊所已经很难维持，不得不停业关门。

但这次失败并没有使韩春玲和王军停下创业的脚步。1998年，韩春玲和王军开始了第三次创业。他们在朋友和家人的帮助下，在北京朝阳区麦子店地区租下了某单位一个废弃的自行车棚，利用自己的积蓄和家人拼凑起来的资金，将其改造成了盲人按摩诊所，并在北京市朝阳区残联的支持下正式成立了"北京爱心盲人推拿保健中心"，开始了自己新的创业历程。

"爱心"成立以后，并不是一帆风顺。开业的头一个月，由于地理环境差，加上人们对盲人认识的不足，保健者数量很少，有时甚至一天都没有保健者登门。一个月下来，收入总共才三千多，除去各种开支，员工的最高收入只有180元，最低的才60多元。有些员工坚持不住，开始打退堂鼓了，有几位盲人按摩师也离开了"爱心"。

"爱心"没有气馁，及时统一思想，大家坚定信心，同时加紧组织业务培训。他们坚信，只要技术好、服务优、有特色，就一定能得到社会的认可。

冬去春来，随着春天的来临，"爱心"的业务也出现了转机。到1999年3月，保健者的月流量就增加到了150多人次，5月份突破200人次，随后则出现了非常稳定的连续增长。"爱心"员工的工资也从原来的几十元增加到了几百元，有些比较突出的员工已可连续保持在千元以上。

"爱心"成功了，但"爱心"创业的脚步并没有停止。2000年6月，"爱心"又在北京市朝阳区白家庄成立了"爱心"分中心，2002年2月在顺义天竺工业区组建了第三家分中心，2002年11月在朝阳区西坝河成立了第四家分中心，2003年10月又在丰台区方庄成立了第五家分中心，使"爱心"盲人按摩事业一步一个脚印地迈上了新台阶。同时，"爱心"又和哈尔滨盲聋哑学校在北京共同组建了"北京哈尔滨——爱心盲人按摩毕业生实习基地"，为按摩班毕业学员提供了一个理论联系实际的场所，架设了一座从学校到社会的桥梁。

2001年2月，"爱心"响应国家开发西部的战略发展号召，与内蒙古教委和北京金钥匙视障教育研究中心共同启动了"内蒙古金钥匙工程盲人按摩师职业教育试点工程"。首批接收内蒙古贫困地区10名视障学生在"爱心"进行为期两年的按摩实习工作。"爱心"的这一举动，得到了社会各界的赞扬和好评。如今，这些学员已全部完成学习，顺利走上工作岗位。

由于"爱心"的突出表现和优异成绩，韩春玲先后被评为朝阳区和北京市自强模范、先进个体劳动者和北京市三八红旗奖章获得者。"爱心"也被朝阳区私企协会评为"先进企业"。首都和一些国际报纸、电视等新闻媒体也对"爱心"和"爱心"盲人按摩师们进行了宣传报道。

目前，"爱心"正准备进一步加快自己的发展步伐，努力为更多盲人创造更多就业机会，使更多的盲人兄弟姐妹们能够施展自己的才华，自立自强，实现自己的人生价值。

## 技术有特色

为保证技术质量，"爱心"设有技术委员会，系统负责"爱心"技术水平的监督、评估与培训。"爱心"在自己所有分中心均有经验丰富的按摩师负责业务培训和质量把关。除此之外，还经常组织技术交流，鼓励内部按摩师之间切磋经验或外出进修、学习，使"爱心"始终有一支技术过硬的骨干队伍。"爱心"根据每位按摩师的技术表现和客户反映，对按摩师每年进行一次考核评估，合格者给予晋级和奖励。正是有了这些规章制度和具体措施，"爱心"的技术才得到了保障和拥有了特色。

2000年，从哈尔滨来北京的实习学员们，由于他们在校学习了比较正规的理论知识，一些学员认为自己的水平高，不愿接受"爱心"的技术标准和操作要求，出现了怕苦怕累和不愿练习的思想。面对这一情况，"爱心"领导身先士卒，以身作则，一方面，对他们进行传统思想教育，讲解练好按摩技术的重要性；另一方面，根据他们基础知识好的特点，制定出了切实可行的"打好基础、循序渐进、适当简化"的速成实习方法，同时提出了"先通过考察者，先上岗"的管理机制，使这些学员迅速端正思想，在比较短的时间内达到了"爱心"的要求，受到了保健者的认可。现在，这些学员已经成为"爱心"的技术骨干，有些还承担起了领导责任。

"爱心"主任韩春玲为中国盲人按摩协会会员、北京盲人按摩协会理事和北京市为数不多的具有盲人按摩师执教资格的资深盲人按摩师。"爱心"常务副主任、按摩师王军，2001年9月在参加北京地区按摩师技术大赛中，以突出成绩荣获个人优秀奖。2002年7月，"爱心"按摩师王莉、唐登亚、尚书三人组团代表"爱心"参加全国按摩技术比赛北京地区选拔赛。经过激烈角逐，他们以公认的优异成绩，荣获北京地区团体第二名。2004年8月，"爱心"按摩师王艳菊、王笑阳、尚书三人又参加了"新世纪北京首届职业技能大赛残疾人专场复赛暨北京市第二届残疾人职业技能竞赛"，其中王艳菊获北京市二等奖，王笑阳荣获三等奖。

## 爱心是方向

"以人为本、以德取人、奉献爱心"是"爱心"成立的初衷，也是"爱心"能够健康发展的方向。"爱心"的创始人韩春玲、王军把按摩中心的名字命名为"爱心"，目的就是要强调人人有爱心，人人都要奉献爱心。"爱心"人应该既要有"术"，又要有"德"。他们认为，来"爱心"保健的人，不是简单意义上的保健者，而是对残疾人事业的支持者和"爱心"奉献者。"爱心"员工既是这些社会爱心的接受者，也是自己爱心的奉献者。"爱心"的目标就是要搭建一个不仅能使盲人兄弟姐妹自立自强，还能使他们充分施展自己才能、为社会创造价值和实现自我价值的平台。正是"爱心"有了这样明确的发展方向，才使"爱心"拥有了自己的特色，拥有了自己内部和外部的凝聚力，从而保证了"爱心"事业的健康发展，使"爱心"事业一步一个脚印地走到今天。

作为盲人，"爱心"从一开始就有一个心愿：让更多的盲人兄弟姐妹尽快通过自己的双手成为自立自强和能为社会作贡献的人。因此，

"爱心"从一开始就特别强调对盲人兄弟姐妹的爱心。不管是"爱心"的工作人员，还是远道慕名而来的盲人，"爱心"总是尽可能地热情对待，并努力为他们争取和创造一些机会。

自立自强的精神和对盲人按摩事业的信心是符合"爱心"文化的，对于一个盲人来说也是难能可贵的。"爱心"本着"以人为本、以德取人"的精神选拔骨干，实现盲人管理盲人的氛围。

随着"爱心"知名度的提高，"爱心"的领导也成了新闻人物，许多荣誉涌来。但他们仍然保持自己的特色，每天仍行走在保健者中间，计划着"爱心"的管理与发展。甚至在冬天取暖的季节，他们仍然自己用手捅蜂窝煤眼，担任着烧土暖气的任务。在厨师休息的时候，他们亲自下厨，为"爱心"员工准备饭菜。正是"爱心"有了爱心奉献思想的领导人，才使"爱心"拥有和保持了自己的特色和凝聚力。

当然，作为一个由盲人组成的特殊群体，"爱心"也同样遇到过很多问题，存在着诸多的矛盾。例如，个别按摩师在工作时斤斤计较；一些在"爱心"工作时间较长的人滋长了骄傲自满思想，拉帮派，搞对立，进行不正当竞争，排挤新人等等。针对这些情况，"爱心"制定必要的规章制度，鼓励正确的发展方向，规范正当竞争，注意充满爱心的思想教育，倡导既要有"术"，还要有"德"。只有德才兼备，才能在"爱心"找到自己的位置，得到应有的回报，实现自己的人生价值。

## 激情是发展的保障

2001 年 1 月 20 日，原中共中央政治局常委、中国残疾人联合会名誉主席、中国政治协商会议主席李瑞环同志冒着小雪，在时任中央政治局委员、北京市委书记贾庆林和中国残疾人联合会主席邓朴方等领导的陪同下，亲自视察了"爱心"，对"爱心"事业给予了充分肯定。他热情地鼓励说："看到你们这样，我很高兴。盲人按摩是件很有意义的事，值得大力提倡。"

"爱心"领导在向李瑞环同志汇报时说："我们是盲人，但我们觉得正常人做到的事情，我们也能做到。" 正是这种"爱心"所倡导的自强不息、对生活和工作充满激情的积极进取态度，使这些普通的盲人们在"爱心"变得不一样了，感觉到了"爱心"与别的地方的不同，也使"爱心"的健康发展有了保障。

为了体现"爱心"的这种生活、工作激情，2000年6月，在"爱心"转制的时候，经大家讨论，一致同意将"爱心"改名为"爱心自强盲人按摩中心"。

2002年9月，应白俄罗斯驻华使馆邀请，"爱心"组团对白俄罗斯共和国进行了为期两周的友好访问。访问期间，"爱心"代表团先后参观了白俄罗斯首都明斯克和西部古城哥拉德纳，访问了多处盲人工厂、医院和学校，同白俄罗斯的盲人兄弟姐妹和社会各界进行了广泛接触，受到了包括白俄罗斯国会议员伊萨耶夫、盲协主席兼国家奥委会主席谢泼耳先生等国家领导人的热情接见。

"爱心"代表团在白俄罗斯期间，受到了热烈欢迎。他们每到一处，都应邀展示中国盲人的按摩技术，先后为60多人进行了保健按摩，其中包括政府官员、运动员、医生、学者和驻外使节。他们也和白俄罗斯的盲人按摩师们进行了深入的技术切磋。白俄罗斯广播电台对此还进行了专门报道。他们感到十分神奇，对中国盲人的工作和生

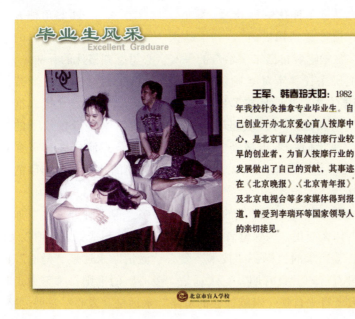

毕业生风采
Excellent Graduare

王军、韩青玲夫妇：1982年我校针灸推拿专业毕业生。自己创业开办北京爱心盲人按摩中心，是北京盲人保健按摩行业较早的创业者，为盲人按摩行业的发展做出了自己的贡献，其事迹在《北京晚报》、《北京青年报》及北京电视台等多家媒体得到报道，曾受到李瑞环等国家领导人的亲切接见。

北京市盲人学校

活激情、自立自强的精神十分敬佩。在访问结束的时候，白俄罗斯哥拉德纳医专校长弗拉基米尔先生充满敬意地说："中国'爱心'代表团的盲人，给我们白俄罗斯的盲人树立了榜样，他们聪明、能干、充满激情，值得我们效仿学习。"

## 结束语

在"爱心"所有员工的共同努力下，"爱心"成功了。同时，"爱心"和"爱心"人，用自己的行动和自立自强的精神，走出了一条盲人成功之路。成功与政府的关怀和社会各界的支持分不开，与母校的素质教育和良好的专业教育息息相关。

他们说，每当谈起母校，33年前那个美丽的校园好像就在眼前。学校的中心地带分割成两部分。以中心大道为主，右边是一排排的教室和老师的办公室，时时传来同学们的读书声……左边是一个大操场，在那里可以跳远、投掷铅球、爬绳、爬杆和单双杠、做课间操。西面是200米跑道，再向西是百公尺跑道。学校的西南有一座教堂式的礼堂，后面有一片开阔地，被分割为若干块儿，这是每个班级的实验田。在这里他们学会了种花生、玉米、萝卜、栽白薯……在西北角种着一片核桃林，被称为"核桃园"。到了秋天，整个校园到处是丰收的景象。每天在食堂吃着自己亲手培育的果实，心里感到格外的香甜。

他们把班主任郭宝贤老师的毕业赠言"以手代目，愿将辛苦换人欢"铭记心中，这也是按摩中心名称注册为"北京爱心盲人推拿保健中心"的初衷。每当谈起母校他们都会说："是母校给予的关心和爱护，让我们一步步踏踏实实地走到今天。点滴成绩都贯穿着母校园丁的哺育和灌溉。今天，我们开出鲜艳的花朵，以丰硕的果实献给母校。"

展望未来，"爱心"要做的事情还有很多，但不管"爱心"如何发展和发生什么变化，为保健者"提供最佳服务，创造更多价值"，永远是"爱心"追求的目标；"技术、爱心、激情"永远是"爱心"的口号；"没有客户，只有朋友"永远是"爱心"的准则；"努力走盲人管理盲人、自立自强、奉献社会的道路"永远是"爱心"发展之路。

他们坚信，只要有政府和社会的关怀支持，有"爱心"全体员工的团结努力，"爱心"的事业一定会蒸蒸日上，从成功走向新的成功。

　　那些无私的爱心奉献者，在"爱心"定能得到应有的回报；那些热爱生活、充满激情和德才兼备的盲人兄弟姐妹们，通过双手和一颗爱心，一定能在"爱心"实现自己的人生价值。

采编：何红霞

# 六、用拼搏抒写永远的榜样

没有盲校，没有老师的辛勤培养，就没有我的今天。

——田山

▲田　山

## 北京城里的"阿炳"
### ——记盲人演奏家田山

  田山，中国盲人艺术家，目前中国惟一的软弓京胡演奏家，媒体上称他为"天下第一弓"。

  1948年1月29日，田山出生在河北省三河县沟阳镇兰各庄的一个贫穷的农民家庭，《山河市志》已有关于他的简况记述。刚刚出生的小田山用他那明亮的大眼睛窥视着这个陌生的世界，他不会想到厄运即将降临到他的头上，出生不到3个月，因为出天花而发高烧，家里无钱看病，就这样疾病夺去了他的双眼。从此他成了一个看不见红花、看不见绿草、看不见星辰、看不见阳光的盲人。

  1959年，11岁的田山来到了北京市盲人学校，开始了他的学生时代。由于天生对音乐的敏感和爱好，他最喜欢的课就是音乐课。当时的郑瑞敏老师在小学一年级第一节音乐课上，一眼就发现了这个有音乐天赋的学生。下课时，他特意把田山留下来，仔细地了解了他的情况，从这一天起，郑瑞敏老师就成为田山的音乐启蒙老师。

一年级的第二学期，田山加入了学校的二胡组，兴高采烈的田山回到家告诉父亲需要给他买一把二胡。那时田山家里连饭都吃不饱，哪里有钱给他买二胡啊！不爱哭的小田山流下了眼泪。

不甘心的小田山找来一些竹筒和木头，在音乐老师和其他同学的帮助下，自己动手做胡琴，虽然简陋，音色也不好听，但他却爱不释手。这是他在追求音乐的乐园里，问世的第一件属于自己的产品。有了自己的胡琴，他盼望着，有一天能用它奏出优美动听的乐曲，为家人，为盲人同胞，为更多的人带来欢乐。从此，他开始了艰难曲折但是又辉煌的艺术生涯。

初学胡琴，田山拉得难听又刺耳，怪声怪调很不好听，有的同学讽刺打击他，甚至把他的胡琴藏起来，可这一切并没动摇他对音乐艺术的执著、追求。为了能安心练琴又不影响他人，只要一有空，他就拿着胡琴到学校北头的墙根下练琴，有时一练就是四五个钟头，忘了吃饭，忘了喝水，忘了休息……三伏天一身汗，三九天两手僵……功夫不负有心人，辛勤的劳动换来了丰硕的果实，半年后在老师的耐心教诲和小田山的勤奋努力下，他已经可以演奏《良宵》、《光明行》这种有一定难度的二胡曲。

后来家里节衣缩食，花了3元4角钱给他买了一把最便宜的二胡。来之不易的二胡成了他的宝贝，他白天把它带在身边，有空就摸一摸、拉一拉，晚上睡觉也把它搂在怀里。

小学三年级的第一学期，田山就被选入了学校的"国乐组"（校民乐队），郑瑞敏老师发给了他一把新二胡，让他坐在乐队的最后面。心里不高兴的田山问郑老师："为什么不让我坐在前面？"郑老师笑着对他说："你现在拉得还不够好，等拉得比别人好的时候，就会让你坐到前面来。"

田山暗暗下定决心，一定要加倍努力练好二胡，争取坐到最前排首席的位子。

毕业时，他为全校师生表演的二胡独奏曲《赛马》，博得了全校师生的喝彩，此时的田山就是一匹即将驰骋于田园、山川的千里马，

他怀着对母校的依恋，怀着对未来的憧憬，走上了更加艰难、曲折的道路。

如今60岁的田山一提到盲校就满含深情，他说："没有盲校，没有老师的辛勤培养，就没有我的今天。"他希望能回自己的母校看看。

音乐艺术是他的生命，坎坷而丰富的人生经历是他的财富，他希望要把最好的艺术带给盲校的学生，给他们以美的享受，陶冶他们的情操，把他的坎坷而丰富的大半生经历告诉孩子们，把爱国教育变成具体化，启迪他们从小养成爱父母、爱学校、爱家乡、爱祖国的良好品质，以此作为对母校的回报。

1969年他被分配到延庆县福利工厂，不久被县文化局调到县宣传队，从事文艺演出。当时宣传队排演了河北梆子和京剧《红灯记》，他是首席京胡伴奏演员，他虽然一点都看不见，但能和其他伴奏人员同台演出，配合默契。事后一位观众对他说："没想到，你是一位盲人，但伴奏得如此精彩。"这一时期，他经常随队到学校、机关、厂矿、农村、军营演出，特别是在边远山区演出时，路很不好走，当地的老乡就用毛驴驮着他走，有的地方路很陡，眼睛又看不见，他只好揪着驴尾巴艰难地往上爬。他克服了因视障给自己带来的许多常人难以想象的困难，圆满地完成了各项演出任务，得到了队领导和县有关领导的多次表扬和嘉奖。

1981年，市民政局组建了北京市盲人艺术团，他作为首批队员被录取。这对他来说真是如鱼得水，同时也是更加严峻的考验。要想成为优秀的独奏演员，他知道自己还要吃多少苦。只要是上班时间，他的手从不离开乐器，回到家还是练，一天要练十三四个小时。有人说田山都练呆了练傻了。是的，正是这样执迷的呆傻精神成为他成功之路的铺路石。

为了拉好板胡，他多次走访名家，虚心请教，他广交朋友，取人之长，补己之

短。为了拉好软弓京胡，他把家住山东的老艺人接到自己家中，热情款待，虚心学习，感动得老艺人将自己祖传的绝技毫无保留地传给他。这使他在弓弦乐器演奏技巧上又有了一次飞跃。

几十年来他演奏的二胡独奏曲、板胡独奏曲、软弓京胡曲，在北京市级、国家级比赛中多次获得一等奖，他创作的几首板胡曲，多次获得创作奖。他的演奏技能和音乐修养不断地提高。

1983 年，他受文化部的派遣，代表中国残疾人走出国门，赴日本演出。1986 年，又赴香港演出。

1991 年，他参加了在香港举办的有 81 个国家和地区代表参赛的"国际展能节"比赛，获器乐比赛专项奖。

1995 年，他曾参加由中宣部、文化部、共青团中央、中残联共同组织的"热爱祖国自强不息报告团"，历时一年，在全国 25 个省市巡回报告、演出达百余场。

1996 年，他随中国残疾人艺术团到欧洲奥地利等四国访问演出。大家知道，奥地利素有音乐王国之称。他在音乐之都维也纳金色大厅的演奏，引起了极大的轰动，媒体上曾这样描述：当这位中国盲人艺术家在演奏过程中，"很懂音乐的维也纳人，打破了中间不鼓掌的惯例"。演出结束，更是掌声如潮。田山载誉归国后，中央人民广播电台记者魏嫚伦对他进行了专访，录制了新闻特写《无色的辉煌》，在该台的 439 播音室"生命之光"专题节目中，向全国听众播出。

1998 年，中宣部、文化部、国家广电总局、新闻出版总署、中残联，在人民大会堂授予他"奋发文明进步奖"（同时获奖的还有张海迪）。

2000 年，在江泽民主席访美期间，作为中美文化交流艺术团成员之一的田山，在华盛顿等六大城市演出。当时中央电视台在新闻联播节目中对艺术团在美国的演出做了报道，并配有田山演出时的镜头。

田山多才多艺，吹拉弹唱无所不能，他能娴熟演奏的器乐，有西洋的、民族的不下十几种，而软弓京胡的表演艺术更是一绝，他由唢呐独奏曲《百鸟朝凤》改编的《鸟语虫鸣》，已享誉世界。

在网络上搜索"田山——软弓京胡"，你会看到媒体上对他的评价："艺术大师"、"现代的阿炳"、"软弓京胡圣手"等。

田山热爱祖国、热爱家乡，2007年退休后，回到家乡定居。他在给市委领导的信中表示，决心在家乡这片热土上，为促进先进文化艺术的传播、丰富人们的精神生活，贡献自己的力量。

2004年春节，他参加了三河、大厂、香河的联合演出。2005年廊坊市新春文艺晚会，田山代表三河到廊坊演出，受到了省委书记白克明、市委书记吴显国的亲切接见。

随着我国和国际残疾人事业的蓬勃发展，国际文化交流日益增多，田山作为中国残疾人艺术团的成员，出访了欧洲、亚洲等二十几个国家和地区，使各国人民了解了中国的残疾人事业，增进了友谊，为歌颂党、歌颂社会主义制度作出了自己应有的贡献。

瑞典一名音乐家申可达目之称赞田山是中国"神弓"，印度尼西亚副总统和夫人特地邀请田山与他们合影留念，更有许许多多外国观众，被他那精湛的演奏技艺而折服。

田山现在是北京市残疾人民乐团的主要演员，他是北京残疾人协会委员，是优秀的中国残疾人代表，在平凡的工作岗位上为党和人民、为残疾人事业做出了很大的贡献。

采编：王新潮

▲ 崔顺利

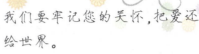

我们要牢记您的关怀，把爱还给世界。

——崔顺利

## 用爱照亮人生的旅途
### ——青年盲人中医按摩师崔顺利

她经历了失明失聪的痛苦，她经历了死亡的考验，她在亲人和社会爱的支撑下，付出了超出常人数十倍的努力，终于成长为一名技艺高超的青年盲人中医按摩师，并且带领与她有着相似人生历程的盲人青年，共同用勤劳的双手为千百名患者驱走了病痛，用爱照亮了人生旅途。她就是北京市顺利盲人按摩中心总经理崔顺利。

## 金色童年

1981 年，顺利出生在房山区阎村镇大紫草坞村的一个农民家庭。她的降生为已是中年的父母带来了欢喜和激动。他们希望女儿顺顺利利地成长，因此为她取名"顺利"。由于母亲身体不好，顺利从小就与爷爷、奶奶一起生活。

顺利 3 岁时，父亲开始教她练习书法，一撇、一捺，她都写得规规矩矩的。"要踏踏实实地做人"，是父亲常常教导她的。母亲是中国传统型的贤妻良母，为人做事处处体现着干练。在父母的熏陶下，顺利也成了一个自立自强的孩子。为了不给拮据的家庭增添更多的经济

负担，懂事的顺利想方设法把字写好，以减少橡皮、铅笔和练习本的耗费。后来，干脆就让父亲为自己抹了一块水泥黑板，用石笔练字，写了擦，擦了写，反复使用。

顺利6岁时，要读学前班了。到学校报名时，老师感到很惊奇：这个平常的农村小姑娘，不但能准确计算100以内的乘除法，而且能写几百个汉字，还可以自己读一些童话故事。当顺利上一年级时，老师找到她的父亲，建议让顺利直接进入三年级。父亲认为，知识要一点一滴地积累，不能贪多求快，应该让孩子继续踏踏实实地学习。在小学学习期间，顺利不但学习成绩名列前茅，而且在同学中表现出极强的号召力，既是同学们真心拥护的小班长，也是班主任得力的小助手。就这样，她在阳光和欢快中度过了12岁。

## 病痛拖住前进的脚步

1993年11月的一天早晨，顺利发现自己右侧面部有些麻木，手也有些发麻。短短几天的工夫，平时灵巧的右手手指攥在了一起，再也不能拿笔写字，就连自己的衣服也要由奶奶帮着穿。这时候，顺利还担负着一项任务，那就是与班里的几位同学排练一场小话剧，而且她还是主角。为了能把话剧演完，顺利放学后坚持带病排练。随着病情的加重，她走路也变得一瘸一拐，妹妹和老师每天都要接送她，但她还在坚持。正式演出那天，同学们都用异样的眼光盯着她，老师也为她捏着一把汗。顺利明白老师和同学们的担心，她把练习时的动作做了一些合理修改，强忍着病痛完成了演出。在掌声中，老师陪着顺利走出了学校。顺利并不知道，从此以后，她再也不能同朝夕相处的同学们一起学习、生活了。

几天后，顺利的病情急转直下。父亲带着她来到北京的一家医院。检查后医生说病情很严重，以后可能偏瘫，必须立即住院治疗。父亲带的钱比住院押金还少，只能先回家借住院费。不知详情的顺利，从医生和家人的表情中，隐约读懂了一些什么。但此时她最大的愿望是回到学校。冒着纷飞的雪花，她偷偷地挪动脚步向学校走去。这段平时只需10分钟的路程，这次她却耗费了半个多小时。她不敢走进教室，只能隔着操场默默地流泪，在泪水中远远地注视着老师和同学们熟悉的背影。下课铃响了，同学们发现了在雪中伫立的顺利，立即围拢过来问长问短，并把她护送回家。许久找不到顺利，家里已经乱作一团。看着孙女安全地回到家中，爷爷奶奶抱住顺利痛哭不止。

第二天，顺利穿着奶奶连夜赶做的棉衣，和父亲一起走进了这家医院。办完住院手续后，医生对她进行了细致的检查，初步诊断为丘脑肿瘤，很可能全身瘫痪。没有家人的陪伴，她的住院生活明显不便。几位医护人员主动承担起照顾顺利生活起居的责任，梳头、洗脸，一口一口地喂她饭菜……

父亲来探望时，主治医生和父亲谈了很多。顺利一直躲在门后，默默地听着。从他们的谈话中，顺利知道了自己已是重病号，而且很有可能就此失去生命。面对这些天专家、医护人员和病友久久注视自己的目光中所表达的关切，顺利明白了许多。应该把为自己治病的钱留给弟弟、妹妹上学，尽量帮助父母减轻一些经济负担。想到这些，顺利穿好心爱的校服，毅然坚持回家。主治医生告诉她："这种病很少见，如果不接受治疗就意味着死亡。"但是顺利依然坚持回家，父亲也拗不过她。医生只好同意她出院，并且深切地劝告她："一定要多吃一些有营养的东西，多想一些高兴的事……"

## 真实经历死亡的考验

回到家里的第三天，顺利倒在了床上。父母忍着心痛又将她送回了医院。此时的顺利已经没有知觉。仔细检查后，医生告诉她的家人："她的病情很严重，大概还能维持一周的时间，已经没有必要再做手术了，能吃点什么就吃点什么吧。"父母流着苦涩的泪水，又把顺利抬回了家。此时的顺利几乎成了一个植物人，她已经吃不下一粒米，咽不下一口水，语声微弱，什么都听不见，也看不见。短短几天的工夫，她的头发掉光了，而且一天要昏迷好几次。为了把她从昏迷中拉回来，家人只能使劲地掐压她的人中穴，以致她的鼻唇沟天天都是一片青紫，只剩下一层薄薄的肉皮儿包裹着。老师和同学们来看她，只能用手指在她的手上写字沟通。想着医生的嘱咐，看着每况愈下的顺利，父母

强忍着悲痛，为她准备好了寿衣，在泪水中一天一天地掐算着剩下的日子。

## 在爱的支撑下延续生命

顺利的病情牵动着千百人的心。村党支部书记来看望她，给她带来 1000 元慰问金。老师和同学来看望她，给她带来 3000 元师生的捐助款。邻居们来看望顺利，屋里摆满了营养品。邻居家在卫生院工作的姐姐，每天下班后都来无偿为她输液。奶奶和母亲天天守候在她的床边，用棉签蘸着温水来擦拭她干裂的嘴唇，用干瘪的双手搓热她的小手……所有了解和关心顺利的人都在关注着她的病情，都在帮助她在人生最后的日子过得舒服一些。

在煎熬中，顺利和家人一起度过了七个日夜。奇迹出现了，顺利的病情虽然没有明显好转，但是她的心跳、呼吸等还在维系着。"只要有一口气就不放弃"，顺利的家人重新燃起了希望。一周过去了，顺利没有像医生预言的那样，二周、三周，顺利不仅没有死去，而且发生了奇迹，这奇迹简直有点惊天动地的味道！

随着春天的来临，顺利渐渐恢复了意识，但已经看不见这个多彩的世界。附近一位退休工人听说顺利的事情后，每天到家中坚持为她进行气功治疗，连续 9 个月风雨无阻。邻居们每天都把自家好吃的送来让顺利尝一尝。父亲为了照顾她，放弃了去上海工作的机会。妈妈天天象呵护婴儿那样照顾她的起居，抱着她像面条一样瘫软的身体为她洗澡，用热毛巾为她擦洗身子驱赶暑热。妈妈说："顺利是三个孩子中的老大，但需要照顾却是最多的，就像一个大娃娃。"

## 第二次人生的第一步

1994 年 12 月 20 日，是顺利一生都不会忘记的日子。这一天，那位好心的退休工人做完治疗后，一定要让顺利站起来。她说不行。在又一次鼓励下，忍着剧痛，顺利努力试了一下，竟然真的站了起来。

大约两分钟的时间，她实在支撑不住了，重重地摔到了椅子上。顺利和家人都惊呆了。妈妈蹲在顺利的面前，鼓励她再试一次。顺利忍着疼痛，深吸一口气，挣扎着又站了起来。她摸了摸自己的双腿，腿是直的。又拧了大腿一把，证实不是在做梦。在大家的鼓励和挽扶下，顺利蹒跚地迈出了第二次人生的第一步。

第二天，父亲出差回来了。听说顺利已经能够站起来练习走路了，父亲一个箭步抱起女儿，眼泪夺眶而出……

随着病情的逐渐好转，顺利的头发又长了出来，失聪的耳朵也恢复了一些听力，她又萌生了去学校读书的念头，但现实告诉她这是不可能的。为了不使自己的头脑僵化，她每天都反复回忆学习和生活中的往事，再把其中一些记忆编成小故事、小笑话说给身边人听。经过一年的练习，她适应了新的生活环境，学会了在黑暗中做家务。

屋漏偏遇连阴雨。1996年，父亲患了喉癌，顺利和家人再次经历了精神的痛苦和生活的窘迫。妈妈陪父亲住院之前，父亲写下了遗嘱，把家里的大小事务做了安排。妈妈一回到家中，顺利就追问父亲的病情。妈妈总是从容地说"好多了"，跟着就是一阵哽咽。顺利知道，那是妈妈在用手捂住口鼻抽泣。一个月后，虽然父亲回到了家中，但是再也不能从事重体力劳动了，也失去了用语言沟通的能力。顺利和父亲与收音机结下了不解之缘。

## 开启生命的新航程

1998年9月7日，顺利来到北京盲人中医学校学习，开始了没有家人陪伴的新生活。

顺利丘脑病灶的影响，为她适应新环境增添了难度，老师和同学们对她给予了无微不至的关怀。老师知道顺利的听力相对其他同学较弱，就把她的课桌安排在第一桌。班长知道顺利上课听不清，课后就把笔记交给她誊抄。同宿舍的同学知道顺利辨别方向存在困难，就和她一起进出教室、食堂和厕所。学校还为她减免了50%的学费。顺利不愿意因为自己的缺陷给同学们增添更多的麻烦，就刻意少喝水减少去厕所的次数，冒着被烫伤的危险自己去打开水……第一周的学习结

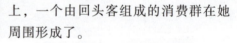

束了，同在市里读中专的妹妹看着消瘦的姐姐，抱着她流下了眼泪。

渐渐地，顺利摸索出一套适合自己的学习方法。在课上与同学们一起听课，在课下挤出休息时间抄笔记、背笔记、预习功课，回家时也要背上厚厚的盲文课本，为了节省每天梳头的时间，她剪去了已经养护四年的长长秀发，把更多的时间用在了学习上。同学们发现，顺利总是第一个走进教室，最晚一个离开教室。一天晚上，老师走过熄灯的教室，听见喀喀声，以为是老鼠在啃东西。走近才知道，原来是顺利在用盲笔抄笔记。第一次期末考试，顺利排在班里第三名。老师在做总评时说："顺利的成绩在班里不是最好的，但她付出的努力是最多的"。直到毕业，她的成绩始终名列前茅。

在毕业典礼上，顺利接过校长颁发的毕业证书时，她向全体老师深鞠一躬，毕业证书在她手上显得沉甸甸的。

## 把爱撒向人间

毕业后，顺利被推荐到海淀区钓鱼台的一家按摩中心工作。她知道自己的听力还没有完全恢复，与顾客交流有困难，就暗下决心，用高质量的技术为顾客服务，以此来塑造自己的服务品牌。通过心与心的交流，她的服务得到了广大顾客的认可，经常连续工作12个小时以

上，一个由回头客组成的消费群在她周围形成了。

2002年7月，顺利报名参加了首届中国保健按摩技能邀请赛北京赛区的选拔赛，8月代表北京市残联参加北京赛区半决赛，10月参加全国总决赛，她一路过关斩将，获得了一等奖的好成绩。

非典疫情登陆京城，顺利回到家继续学习中医按摩知识。

不久，房山区委、阎村镇党委和区残联的同志到家中看望顺利，为她

送去 3200 元慰问金。顺利知道抗击非典的一线战场异常紧张，自己虽然不能直接参战，但始终牵挂着那些勇敢地战斗的医护人员，执意捐出 200 元钱来表达对英雄们的敬爱之情。当领导问起有什么需求时，她说有三个梦：想组建一家按摩中心，为盲人青年开辟一条就业之路；参加更多的公益性活动，为家乡的父老乡亲尽一些微薄之力；如果条件允许的话，想参加法律和心理学的自学考试，圆一个大学梦。

顺利的想法得到了社会各界的大力支持。阎村镇政府将正在建设的文体广场中的两间管理用房，无偿给她作按摩中心，并免费进行了装修。市残联给她提供了 5 张保健按摩床和 4 张足疗床。区残联为她送来沙发等办公家具。当年 11 月，北京市顺利盲人按摩中心正式挂牌营业。

中心的运营，为燕山、良乡、房山和阎村的千百名患者带来了福音，许多市里的患者也慕名而来。中心还为 4 名盲人按摩师提供了就业岗位，吸纳了 5 名盲人青年学习中医按摩技术。顺利对他们言传身教，把自己精湛的按摩技术毫无保留地传授给这些身残志坚的青年，帮助他们实现了自食其力的愿望。同时，她还带领中心的盲人按摩师，积极参与到北京、燕山、良乡、房山和阎村镇开展的各种公益活动当中，他们用实际行动表达了残疾青年所特有的对整个社会的关爱与奉献。

顺利的努力与付出得到了社会广泛的支持与认可。2003 年她当选为房山区第四届残疾人联合会副主席，2003 年度房山区十大建功成才标兵，2004 年度北京市残疾人就业明星。她的事迹先后在中央人民广播电台、北京人民广播电台播出，引起了强烈的社会反响。

顺利对未来充满了信心。她热切盼望着社会各界都能为残疾人事业献出一份爱心，帮助更多的残疾青年点燃新生的希望。她更愿通过自己的双手，播撒出一颗颗爱的种子，为社会凝聚更多和谐的力量。她说："我们要牢记您的关怀，把爱还给世界。"

采编：陈瑜

BLOOMING IN
DARKNESS
黑暗中的绽放
——北京市盲人学校优秀毕业生事迹集

▲ 李雪梅

我更愿意做一块默默无闻的奠基石，让我的盲胞们踏着我的肩向科学文化的高峰攀登，我愿做一捧清清的泉水，去滋润我盲胞们干渴的心田；我愿做一个垦荒者，通过我辛勤的耕耘，为我的盲胞送去更多更好的精神食粮。我将在有生之年，继续发挥我的光和热。

——李雪梅

## 永远的榜样
### ——记盲人李雪梅

　　1958 年，《中国少年报》刊登了这样的一则新闻："亲爱的少年朋友们，你们好好读一读李雪梅同志的故事。李雪梅原来是北京市盲童学校的学生，她的眼睛看不见了，但是，她学习得那么出色！"

　　看！她每每门功课都是五分；

　　她一年里读了 80 多本书；

　　一篇作文能写 1600 字；

　　她还能跳高，跳过一米零五；

　　是谁给了她力量，使她能这样顽强地学习，取得这样的成绩？

　　让我们一起走进李雪梅的世界。

## 校园内的佼佼者

　　1958 年，北京盲童学校三年级小学生李雪梅刻苦学习的故事在《北京少年报》上登载宣扬；六十年代初又是她，在全国盲校运动会中获跳高、铅球第一名；在世界部分国家体育通讯比赛中荣获带地球投掷第一名。几年之内，她的不凡成绩，不仅传遍了校园的各个角落，同时也传向了社会。一时间，同学们的喝彩声，老师们的表扬鼓励声，校外寄来一封封信件中那富有激情的赞美之辞，频频传入她的耳中。经过长期苦练拼搏，终于在国内外体坛夺冠，为校争得荣誉，为中国盲人增添了光彩，这怎能不让她激动万分呢？

她身体匀称，皮肤白里透红，举止文雅。人们没有想到，这样一个残疾小姑娘竟有如此创举，实在让人佩服，令人赞叹。人们不禁要问，她是否在专业队特意受训？是否有名家指教，还是受家庭熏陶？全然不是。在当年设备简陋的校园里，她和其他盲孩子一样接受普通教育。要问她与别人有什么不同，那就是，她认准了"刻苦"二字，并能身体力行、持之以恒。

她生长在一个普通工人的家庭里，儿童时代她聪明伶俐、活泼可爱，有一双明亮的眼睛，能看到蓝天白云、绿水青山，更喜欢到野外郊游。那时候，陶然亭一处是她和小朋友的乐园。去爬山、采集花草、捉蝴蝶……尽情地玩耍。在学校和小同学一起读书、写字，在操场参加体育锻炼。和其他孩子一样，童年使她无比快乐。不料8岁那年，因药物事故，不幸视神经萎缩，经多方医治无效而致盲。从此，她进入了黑暗世界。幼小的心灵，哪能受得了这突然的打击，她只会整天抱着妈妈哭泣。

同学们看望她时，她摸到了他们一个个都戴上了红领巾，更加难过，泪水流得更厉害了。父母知道她从小就爱学习，上进心特别强。他们一边劝慰着孩子，一边鼓励她要奋力自强。9岁那年，妈妈亲自用红布缝制了一条红领巾给她戴在胸前，她高兴极了。为医治孩子的心灵创伤，他们多处寻访，终于找到了位于北京西郊的一所盲童学校。从此小雪梅又寻到了一个新天地，开始了一种崭新的学习生活。她和其他盲孩子一样，上文化课，还上体育、唱歌、手工制作。丰富多彩的校园生活，有那么多小伙伴整天相伴，慢慢地，她的脸上绽开了笑容。在老师的关怀教育下，她决心做一个残而不废的人。

学习时，她面临的第一关就是学盲文。她要在那一片密密麻麻的凸点中，以手代目，分辨出不同方位，不同符型的 b·p·m·f……然后再拼音成字；她要用一支像锥子样的笔，在夹有牛皮纸的铜板上扎写出盲字。对一个中途失明的人来讲，想尽快做到能摸会写谈何容易！

　　她人小志坚，练摸读，把书上的点子都摸破了。为加快摸读速度，便又向高年级同学借书练习。冬天，摸书更困难了，摸着摸着手指就冻僵了，她就把手放在嘴边哈一哈热气再继续摸。她还主动想办法，让妈妈织了一双露手指头的手套戴在手上去摸书。练写字，手指头被笔尖扎破了，手都磨出了茧子；冬天，手冷了搓搓手，把冰凉的铜板放在怀里暖一暖，再继续练写字。为提高写字速度，她经常和同学比赛写字，经常收听记录新闻广播，边听边记录。经过一段时间的苦练，终于能全文抄录了。功夫不负有心人，她从零开始，一年以后摸读写字速度直线上升，跃居全年级第一。

　　描写景物、刻画人物形象是盲人写作的难题，为弥补缺陷，她大量阅读课外书，一年内读书 80 多本。她的作文常常是优等，被当作年级的范文，小学时一篇作文能写 1600 字。

　　她的学习成绩非常出色，门门功课都是五分，考入中学时，平均成绩达 96 分以上。

　　她在体坛夺冠，同样靠的是刻苦锻炼。在体育老师的严格培训下，她练跑、跳、投掷，常常超负荷。如练跳高，起初，助跑距离量不准，起跑方向掌握不好，结果常常跳早或跑歪撞到跳高架上。但她反复练跑、量步，鼓足勇气，锻炼胆量，终于掌握了基本步伐和方向。开始，她跳高时的落地姿势不好，经常是跳过后就坐在沙坑里，尾骨墩摔很痛，但她不怕苦，课余时间还要练，直到双脚能稳当落地为止。为提高跳高成绩，加强韧性锻炼，老师要求做压腿动作 30 次，她却做 40、50 次，跳高高度也超过教练的要求。冬天训练项目单调无味，运动量相当大，早晨 5 点钟起床，从学校出发越野跑，跑后还要做伸屈蹲、负重蹲跳等运动，天虽冷但汗流不止，擦汗的手绢都能拧出水来。锻炼中，磕磕碰碰是常有的事，腰酸腿疼算不了什么，摔倒了再爬起来，轻伤不下火线，不达目的决不罢休。不论寒冬酷暑，她都坚持不懈，每学期都被评为优秀运动员。她身体更健壮、意志更坚强，"顽强"成了她鲜明的个性。

　　坚强的意志、刻苦地学习，使她出色地完成了从小学到初中直到按摩技能的全部学业。在当时的校园里，她不仅是学习上的佼佼者，而且是优秀的运动员和劳动能手。这些成绩的取得源于她政治思想上的不断提高，是《把一切献给党》中的吴运铎，是《钢铁是怎样炼成的》中的保尔，是残废军人黄川仁的英雄事迹等影响教育着她，是党团组织的辛勤培育，使她不断进步成长。她 15 岁入团，20 岁入党，是学生中第一个入党的同学。她热爱社会工作，愿为同学服务，先后任过班长、少先队大队长、团干部。她常常被请到校外做报告，引起了广大青少年的强烈反响。

鲜花、赞歌没使她陶醉，她还是那样谦虚谨慎、不骄不躁，那样朴实诚恳、尊敬师长、团结同学。她有傲骨却无傲气，是我校德智体全面发展的一位好学生。

健壮的体魄、顽强的意志、优秀的学习成绩、崇高的思想品质，为她走上工作岗位打下了坚实的基础。李雪梅的学生时代结束了，她将带着老师、家长的嘱托和希望去迎接新生活。

## 社会中的女强人

1969 年冬，李雪梅初中毕业，满怀着激情和理想踏入社会。当时正值落实中央军委一号令，她作为一个盲人，家住北京城里，却不提任何条件，坚决服从分配，来到远郊长城脚下的延庆盲人工厂。

记得那是一个寒冷而又令人难忘的日子，李雪梅和被分配去的同学，怀着依依惜别之情，登上了北去的汽车。一想到就要告别敬爱的老师和工友，告别 13 年朝夕相处已情同手足的同学们，告别母校那熟悉的操场、跑道，以及引起她情思的一草一木，她的泪水禁不住地流。送行的师生们含着泪，车上车下的手握得紧紧的。汽车终于启程了，载着他们爬山越岭，驶向那陌生的工作岗位——延庆盲人荆编厂。

当时有位同学做诗一首："四面群山环抱大地白雪皑皑，寒风刺骨扑面来，已是边关塞外。"这正是当时情景的写照。进厂后他们才知道这个厂人员少，而且从领导到工人都是残疾人，生产的主要产品是荆笆、筐等农具。那时的生活和工作条件十分艰苦，厂里没有职工宿舍，去的人分散住在农村的老乡家里。李雪梅和其他三个女同学住在一位老乡的东厢房，屋内设施简陋，东西拥挤。刚到那里人生地不熟，

不好判断方位，上下班不是找不到厂门就是回不了"家"。有一次她从厂里回宿舍，在路上转了好长时间，怎么也摸不到回家的路口，幸亏遇到了一位农民，把她领进老乡的家门。

那里的冬天气候寒冷，气温降至零下20多摄氏度，天寒地冻，滴水成冰。刺骨的寒风从窗缝袭来，脸冻木了，眉毛上凝成霜。早晨起来水缸里的水结了一层冰，毛巾冻得硬邦邦的，连牙膏也挤不出来。屋里虽然生着老乡自盘的灶火，但还是冷得令人瑟瑟发抖。

后来厂里盖了房，她和同去的人搬进了集体宿舍。生活上方便多了，可是厂里没有自来水。到了冬天，只能到井边用辘轳提水。天寒地冻，井台周围结满了冰，形成一个很滑的冰坡。她小心翼翼地提着水桶走上井台，把绞上来的水倒进桶里，又一步一步小心地摸索着，把水桶提下坡来。途中水在桶中摇晃，不时向外飞溅，很快就成了冰。稍不小心，脚下不稳，连人带桶滑下坡来，洒落的水又为冰坡加上了一层新冰。

那里的生活十分清苦，每月只有12元生活费。她总以吃粗粮为主，菜也只买五分钱的。然而，她和她的同学们咬紧牙关，历经磨难，坚持到底，不当逃兵。她满怀信心，展望未来，迎接着一个又一个挑战。

荆笆是这个厂的主要产品，长一丈二，宽六尺，是当地人盖房顶用的，常常是供不应求。由于编荆笆劳动强度大，不适合女同志干，所以这个厂从不收女工。但是她硬是不信这个邪，誓与男儿比高低，要做一个女强人。她决心努力学技术，编出荆笆，做出榜样，鼓励其

他女同志，和大家一道成为真正残而不废的人。每想到这些，她便全身心投入到编荆笆的学练之中，从拴径到收边都一丝不苟。就拿拴径来说吧，要在规定的

她在丛中笑

156

长度内均匀地拴二十五个径，稀了密了都不行，她不止一次地失败，但每次都重新再来，经过反复排列、细心体会，终于达到了要求。

编荆笆不只是技术活，更重要的是对人的意志的磨炼。荆笆是用荆条和各种灌木条编起来的，不仅有软有硬，长短不齐，而且常常遇到带刺的条子。尽管师傅们常把好的条子让她使用，可她的双手还是不断被刺扎得皮破血流。她学着师傅的样子用橡皮膏把手裹上，再继续编制。有时，刺深深扎进手指，钻心的痛，她就用牙叼住把它拔出来。一次中指扎进一根刺，她习惯地用舌头舔着，用牙咬住把它拔出来，可手指还是疼。她忍到工休日回到家，让姐姐看，姐姐说，只看到手指上厚厚的茧子，看不出刺。直到用针把老茧挑开，才看到有半截刺已经烂在肉里，周围已化脓。姐姐一点一点往外拔，她痛得心里发慌，手一个劲儿地抖，但为了不让姐姐难过，她咬紧牙关，装得若无其事似的。

编荆笆是个很苦的差事。严寒的冬天，她要用带着冰渣的荆条编笆，手冻僵了就到火上烤，反复多次，两手火辣辣的，直到手麻木了。从此她的手落下了毛病，现在一犯病，连暖瓶都拿不起来。酷热的夏天，泡条子的水发酵了，池子里臭气熏天，池边爬满了蛆虫。干活时，提心吊胆，她只得一把把抓过编，否则就会感触到令人毛骨悚然的蛆虫。编荆笆之苦还苦在姿势要蹲着，这对于长得胖胖的李雪梅来说很是费劲，蹲一会儿就腿酸脚麻。而编荆笆一蹲就是一天，有时晚上还要加班，她常常累得腰酸腿疼，晚上睡觉时，连炕都爬不上去。难道就此退缩吗？绝不能！她开始苦练蹲功，上班蹲着，下班吃饭、做事也蹲着。蹲功练好了，可人也累瘦了。回到家，母亲抚摸着她的肩头，心疼地说："原来那么胖的闺女，现在瘦得骨头都突出来了。"经过艰苦的努力，终于有一天，她和一位女同学合作编出了荆笆。当时她高兴得喜出望外，激动地给以前的同学写信说："谁说鸡毛不能上天，男同志能办到的事女同志不也办到了吗？我是一个对社会有用的人了！"她在第一个工作岗位上创造了奇迹，谱写了又一支人生旅途的新歌。

1975年，为解决夫妻分居问题，李雪梅转调到北京房山盲人五金厂，被分配在风镜车间工作。她的工作是把三片大小不等的人造革和一段松紧带缝连起来，每天做40~50个，一天要用二十几条线，就是

说要认二十几次针。认针的速度是完成任务的关键。认针，这对一个盲人来说极为困难。在学校时，她在参加认针、钉扣比赛中就名列前茅，这熟练的认针技巧，为她又快又好地完成任务提供了有利条件。

由于工作出色，不久，她担任了车间副主任职务。她熟悉车间的每道工序，能协助安排生产，无论是机活还是手工活，都能操作，并且还学会了一般哑语，架起了盲人与聋人心灵交流的桥梁，同时还担任了妇联主任，主管计划生育等社会工作。她工作成绩突出，曾出席过县妇代会，同明眼人一样参与了社会政治生活。

1978 年，盲文出版社成立，那时，她离开盲校已有 9 年，但她的名字给老师的印象太深了，学校领导很快就把她推荐到北京盲文出版社，从此，她和爱人赵占生开始了她所热爱的盲文出版事业。

她被安排在译校组，搞校对工作，对盲文稿进行处理。校对，是一项工作极细而需要知识面广的人来担任。校对有两个工种，一是由明眼人把汉字翻成盲文，把盲文打在铁皮上。二是由校对人员进行一、三次校对，对盲文稿进行处理。校对，是在读的时候，注意有无错字、掉字、多字，标点符号、声调是否正确，版式安排、分词连写是否合适等等，稍有疏忽就会影响书的质量。她在校对时，常常用手指去摸铁皮上的盲文凸点。由于以前工厂干活时把手指皮都磨厚了，因此她手指的触摸感应就不那么灵了，搞起校对很吃力。为此她非常着急。解决的唯一办法就是强化训练指尖触觉功能。为提高工效保质量，她采用"三多"方法即多读多听多问，从基本功练起。她买书、借书，如饥似渴地摸读各种书刊，无论在家或单位，还是在往返途中的汽车上，利用一切时机加紧练习摸读。这样，她摸读盲文稿件起来越来越熟练了。

盲文出版社是个综合性的出版单位，要求盲文工作者知识面广，为此，她除看书外还多听广播，对一些专业性较强的名词术语，有不懂或拿不准的就多问，多多向别人请教。

多年的校对工作，培养了她

一丝不苟的工作精神，并把心牢牢地系在读者身上。当她想到要对读者负责时，工作起来就不怕麻烦了。

最近几年，由于机器设备的老化，出的版常常出现点字质量问题。她总是想方设法努力解决，为此给自己回了为数不小的工作量。有时查铁板上的盲字时，制出的凸点字，点位高，破了口，用手指摸轻了认不出点字，摸重了手指尖就会被扎破。为了盲人读者，为了盲文事业，她默默地忍受着这一切。

在工作中，她感到自己的初中文化水平愈来愈难以适应对编辑人员知识渊博、涉猎面广、水平高深的要求，于是她瞄准了另一个更高的奋斗目标——向大专进军。

1985 年至 1987 年，她和爱人一起参加了中华律师函授中心的学习，有时星期天也要上课。白天上班，晚上做家务、带孩子，只有夜深人静时才是他们最佳的学习时间。两年中，他们每天都学习到深夜一两点钟。她的学习是很艰难的，听课时，边听边记边录音，过后再整理。这样毕业时，大约记了八九十万字的笔记。有时他们学习太晚回不了家，只有 9 岁的孩子一人住在家里，往往连早饭都不吃就上学去了。儿子是个非常懂事的孩子，而每到这时做母亲的总有一种负疚感，心疼孩子的泪水，总是默默地流入心田。

经过两年多的努力，她以平均 93.7 分的成绩获得了大专文凭。

学无止境，为了弥补不懂外语这个缺陷，她参加了海德里国际盲人学校神州分校的英语函授学习，已学完第二级课程，现在她能够借助词典翻译短文。她还经常收听广播电视大学的课程，不断拓宽知识面。自 1987 年至今，经她校对的书刊计 200 余种，约 7800 多万字。其中有医学书籍如《针灸大成》、《方剂学》、《推拿学》，音乐书刊如《钢琴调律》、《歌曲选》，各种教材如《许国璋英语》、《英汉词典精选》的部分分册，文学名著如《红楼梦》、《三国演义》、《水浒》、《唐宋词选》等等。

多年来，她工作态度认真负责，业务水平过硬，1987 年被评为技术

编辑中级职称，1995 年又被评为高级职称。在 1994 年校庆期间，她被母校请回为学生们做报告，用她的事迹启迪着更多的盲生。现在她退休了，但是她仍然用实际行动来回报着社会。看到贫困山区的女童因为交不起学费而失学，李雪梅十分心痛，希望能尽她微薄的力量来帮助孩子。于是，她让儿子领着来到了中国青少年发展基金会，以家庭的名义资助了一名来自云南的苗族女孩。这个女孩同样生长在残疾家庭，相似的家庭背景，使李雪梅对她像自家人一样惦念、关心。李雪梅的资助，使这个小女孩得以重返课堂。李雪梅还以家庭的名义为多伦县的种林防沙捐款，尽自己所能为公益事业添砖加瓦。李雪梅和爱人都会按摩，他们利用自己的一技之长为周围的邻居服务，不仅为登门求医的老人揉腿，还主动登门为患者解除病痛。她把从广播上听到的健康知识讲给邻居听，让他们科学地养生、健身。

她离开学校整整 39 年了，对她来说这是奋斗拼搏的 39 年。不管她撒播到哪里，她就在哪里顽强地生长，开花结果。在延庆和房山，她曾分别被评为先进生产者。在盲文出版社，她曾先后担任过校对组长、党支部书记，她领导的支部被出版局评为先进支部，她领导的校对组被评为局级先进单位，她本人也曾被评为优秀共产党员，曾获得出版局颁发的先进工作者荣誉证书。

荣誉纷纷献给了这位顽强拼搏、自强不息的女强人，她当之无愧。

面对众多的赞誉，她总认为这并不重要。她说："我更愿意做一块默默无闻的奠基石，让我的盲胞们踏着我的肩向科学文化的高峰攀登；我愿做一捧清清的泉水，去滋润我盲胞们干渴的心田；我愿做一个垦荒者，通过我辛勤的耕耘，为我的盲胞送去更多更好的精神食粮。我将在有生之年，继续发挥我的光和热。"这种坦荡无私的胸怀，正是她崇高思想境界的体现。

采编：李莺燕

▲ 刘丽娟

忘记不幸，面对现实，克服客观存在的困难，这就是我的秘诀。

——刘丽娟

## 心存志远 我要飞得更高
### ——记优秀毕业生刘丽娟

由于视力障碍，我读完小学就失学了。这对于一直勤于学习、对未来有无限遐想的我来说，是一个很严重的打击。因为我深知没有学上，就没有希望、没有未来。那时，我的世界黑暗了……不是因为视力，而是我对生活失去了信心。记得我小学毕业成绩，语文、英语成绩均95分，数学满分，其他各科均为优秀。可就是因为视力而无法继续读书。我伤心极了，我流泪了，我很痛苦。因为这意味着我会告别我深爱的校园生活。记得最后一个暑假过后，周围邻居家的孩子都去上学了，只有我在家里无所事事。每天清晨我都能听见走在上学路上的邻居孩子们的欢声笑语，傍晚他们带着一天的收获相互炫耀，互相谈论初中校园的同学和老师……我痛苦，我抱怨，为什么我没有这种快乐的学习生活。然而我只能将这些悲伤和痛苦埋藏在心底，因为我知道此时父母的内心比我更痛楚……

或许是上天对我还有一丝怜爱，或许是被我一颗渴望读书的心感动了。据说，北京市盲人学校可以招收视力障碍的学生。听到这个消息，我高兴极了，我又有了上学的机会，我要为自己的幸运而欢呼，为即将开始的学习生活而欢呼。也许，一些同学可能很难体会我当时

的感觉，觉得不就是能上学了嘛，至于这样高兴吗？其实我当时就是那样空前的快乐。因为视力曾经无学可上，现在真的明白了，能上学是这样的可贵。所以我们大家真的要珍惜现在我们拥有的一切，健康的体魄、青春、旺盛的精力、良好的学习条件……也正是怀着珍惜能够回到学校的机会的想法，我在学校中克服了很多难以想象的困难，努力学习，努力拼搏，期待着有一技之长和成功。

## 知难而进，不断拼搏、才有收获

2002 年，我来到了盲校初中部学习。刚开始，就面临着一次新的挑战——学习盲文。我的视力已不能阅读普通的书本，要想继续求学，必须学会盲文。

开始学习后才知道，盲文记忆起来很容易，但是要在短时间内用盲文来快速地阅读书籍，却是一件很困难的事情。但我想只要可以上学，什么困难我都要克服。于是，我利用所有的课余时间主动向其他同学学习盲文。开始练习的时候，我手指的感觉很差，有时摸得手腕生疼，手指磨出了泡……但是我没有因此而失去信心，我更加刻苦地练习，不放过任何可利用的时间。功夫不负有心人，一段时间之后，我终于可以用盲文来阅读书籍了，虽然很慢，别人用 10 分钟看完的东西，我可能要用半个小时，但我依然很高兴，我相信，只要我坚持下去，不久就可以和同学们一样快速地读书了。这样我的学习就没有障碍了。经过不断地努力，我能熟练运用盲文，同时期末考试成绩优异，我被评为了本学期的三好学生。我学习盲文的这个经历，使我更加自信，我在盲校一定要努力学习，虽然视力不好，但一定要学好基础知识，为将来能够学好一项技能打好基础。

2004 年，我顺利地考取了北京市盲人学校的按摩专业。这又是一个新的起点，我又一次面临新的挑战。由于对专业的不了解，我感到学习很吃力。十几种基本手法的掌握，几十种常见病的诊断、治疗，360 多个穴位的名称、定位、功能的掌握，还有人体解剖、生理、病理、中医基础理论、中医诊断等十几门课程都要学习。而且要想从事按摩工作还需要有力气，这对于身体瘦弱的我来说更是增加了难度。

但我不能后退，也没有其他的选择。我暗暗告诉自己，既然选择了这条路，不管有多难，也要全力地迎难而上。有了决心，我给自己制定了计划，每天五点半起床，用半小时复习和预习理论知识，半小时在操场上跑步、举哑铃，六点半和同学们一起出早操。就这样三年持之以恒，再苦再累，都没有退缩。三年下来，我增强了身体素质，又掌握了理论知识。因为我相信"冰冻三尺，非一日之寒"，也深知"梅花香自苦寒来"。

由于平时苦练按摩专业技能，中专的第二学期，我参加了学校举办的中专职业技能大赛，获得中专第一名的好成绩。刚听到这个结果时我先是一惊，随后是内心的无比激动，因为我深知这个第一名是我平时刻苦努力的结果。

我还利用寒暑假时间出去打工实践。一方面，我可以为家里减轻负担；更重要的，通过实践，发现了很多自身存在的不足，找到提高自己业务水平的动力；同时，书本的知识也得到灵活的应用。在此我也建议同学们，多为自己争取实践机会，只有实践才能测量出你的真实水平。

在中专的三年中，我还曾经连续五次被评为校内三好学生；按摩二年级的时候，被评为海淀区三好学生，并获得了新桥"金钥匙"奖学金。在学校举办的技能大赛中我也是屡次夺冠。在2006年的北京市按摩技能大赛中，我取得了第13名的好成绩。

## 心怀感激　谢谢所有人

在中专取得这些耀眼的成绩，除了我个人的努力之外，更多的是老师们的辛勤培养和无私的帮助。因此，让我们记住，我们成长的每一天，都离不开培育我们的沃土，我们的老师、父母、同学和学校优越的环境以及社会对我们的关注。

三年的中专学习期间，我一直担任班长，除了努力学好自己的功课外，我还用自己的热情和能力关心着集体，关心着周围的同学。作为班长，我积极支持、协助班主任工作，在班主任老师的管理下，与同学一起进步，追求上进。有再大的困难，我都相信集体的力量，因

为只有班集体的学风、班风积极向上，班里的每一位同学才会在集体的带动下进步。有一件事情，至今使我记忆犹新，由于我这届初中毕业时，希望上大学的同学进了盲校高中部，因此，我们进按摩班的学生能力、基础均比较薄弱，各项活动都比较难开展。有一学期，学习任务非常重，同学们对班里的事情漠不关心，影响集体的凝聚力。这令我非常苦恼，我也曾向老师提出辞去班长。老师的耐心教导，唤起了我心中强烈的责任心。做任何事都会遇到困难，我怎能因此而退缩呢？于是我重新振奋精神，帮助语言表达能力差的同学练习说话，耐心开导有情绪的同学。在我们的共同努力下，那学期我们在运动会上取得了优异的成绩，成功召开了"唱响国歌"的主题班会，并且得到了校领导的好评。学期末我们班还被评为了先进班集体。同学们都很高兴，而我更是受益匪浅。我的组织能力在活动中得到了锻炼，得到了提高，更主要的是营造了一个积极向上的良好的学习氛围。而在这样一个团结向上的班级中，我们感受到了集体力量，共同享受到运动会第一名的喜悦，感受到成功的主题班会带来的经历，最主要的是在这些活动的过程中，我们同学彼此鼓励、彼此帮助，为了共同的成功而感受到同舟共济的团队力量。因此，我也在用我的实际行动回报着集体，同时也在集体的大环境中汲取着无限的力量和智慧。

我感谢父母，是他们给予我生命；感谢我的班级，是同学们让我感受到团结友爱，互帮互助的快乐；感谢辛勤培育我们的老师，是他们让我学会了感恩；感谢学校，是她让我在良好的环境、优越的条件下健康充实地成长；感谢社会，是各界人士的支持，我们才有展示自己的舞台。

中专三年只是人生短暂的一瞬，而我们在这里却获得了宝贵的知识、技能和为人处世的道理。这只是我人生旅途中的一个开始，今后还有更长的路要走。忘记不幸，面对现实，克服客观存在的困难，这就是我的秘诀。所以我不怕挫折，它将使我更加坚强，我喜欢挑战，因为我努力，我拼搏，我收获。

采编：单纬华

为残疾人事业奋斗

——韩书绅

▲ 韩书绅

## 为实现自强不息、平等参与而努力

### ——韩书绅：为残疾人事业奋斗

　　我是韩书绅，1955 年考入北京盲校学习，1959 年 6 月毕业。1951 年 3 月，我 10 岁时因病导致双目失明。在双目失明以前，我曾在天津某小学就读至三年级第一学期。我刚上盲校时，因盲文是拼音文字，而我说话天津口音重，学习上很不适应。在学校老师耐心细致的辅导下，我克服了方言和摸读盲文的困难，首先从认识盲文拼音和分词摸读书写开始，达到熟练程度，攻克了盲文基本知识的这第一道难关。这是由学习方块汉字到学习盲文的一个过渡，为学习各种课程及进入专业领域打下了基础，并为我参加工作后进行广博的学习，提供了文字上得心应手的工具。我们在学习算术课时，学校老师利用铅算这一教学工具来教我们横式和竖式，经过老师的认真教学和辛勤辅导，我们这些盲童顺利地掌握了盲人学习算术的基本技能和演算。

　　我上学期间，黄校长对老师的教学要求非常严格，老师要严于律己、以身作则，给学生做出表率。黄校长要求明眼老师都学会盲文，并且用盲文进行出题考试，用盲文评阅学生作业和试卷。在黄校长的严格要求下，学校老师都能做到：给学生阅卷和批示作业时，单从学生书写的盲文上，老师一下就能看出此作业是何学生所作，根本不用看学生的名字。不仅如此，我们这些学生基本都是住校生，老师不但在学习上对我们严格要求，在生活上也非常关心爱护我们。老师经常检查学生教室、宿舍，对学生问寒问暖，及时了解学生的动态，并且及时解决学生在学习、生活中的各种困难，使每一个学生都能在学校安心学习，快乐地生活和成长。老师的一言一行，给我们学生以后的工作、学习树立了榜样和楷模。如，在教体育课时，老师做到身体力行、言传身教，做示范动作时，让学生摸着老师的每一个分解动作，去体验动作要领；再如，在上自然、地理课时，部分老师自己动手制作许多教学用具，用盲文和其他材料，制做出盲人能摸到的地图和其他教具……这样，提高了盲生的感知能力和他们对客观世界的认识，达到了教学目的，提高了学生们的学习成绩。在学校良好的校风和严师出高徒的气氛中，我们这些学生掌握了所学的知识和一些技能。这些技能，为我们以后的工作奠定了坚实的基础，起到了事半功倍的效果。

毕业后，学校保送我到中国盲人训练班中医按摩专业学习，1960年12月毕业，同年分配到山西，在山西省盲人按摩训练附属诊所从事按摩临床与教学工作。1971年4月，因"文化大革命"，单位受错误路线的影响，我被遣散去太原市盲人工厂当工人，直到1978年落实政策，技术干部归队，我才又恢复从事中医按摩的工作。

我从事按摩工作近50年，一直潜心学习、刻苦钻研专业理论和业务技术，始终牢记母校老师的谆谆教导，始终以老师的高尚品质鞭策和鼓励自己，踏踏实实工作，老老实实做人，工作中做到兢兢业业、一丝不苟，不允许犯半点马虎，一切为了患者，一切替患者着想。我一贯刻苦认真地学习国内外先进业务技术，并运用于指导临床及教学工作，是山西省盲人界少数几个高职称按摩专家。1978年，我与另一名盲人白手起家，亲手筹建了太原市按摩诊所，并担任领导。随着诊所影响越来越大，为了扩大诊所规模，我边出诊边四处奔波。在省、市领导的大力关心和支持下，在太原市民政局和卫生局的领导下，1983年，太原市人民政府投资百余万建成了太原市康复医院，我担任副院长，主管医务技术工作。在我和同事们的共同努力下，康复医院现已建成为拥有170张病床、近百余名盲人按摩师及健全医务人员和工作人员的医院，康复医院里，除按摩科外，还有中医和西医康复、理疗、牵引、中西医药房、放射、化疗、B超等科室。现医院是太原市医保单位，日最高门诊量达300人次，成为拥有固定资产300万元的康复专业医院。我于1990年光荣加入了中国共产党。

我在近50年的临床实践中，一贯对医术精益求精，在很多方面注重理论探讨，在治疗胃下垂、癫痫、神经衰弱、类风湿性脊椎炎、手术后粘连等疑难杂症方面都有独到之处，先后在大型医学会议及有关医学论著中交流或发表论文十几篇。我于1993年取得中医按摩副主任医师任职资格。我还应用祖国医学中小儿推拿疗法，对婴幼儿进行诊治，对几十种小儿疾病的治疗都取得了满意的疗效，又有相应的论文发表。我曾经任山西省盲人按摩协会理事，《中华医学论文集》副主任编辑，在省、市医疗和保健考核中，担任评委和考核员。

我在取得副主任医师任职资格后，不骄不躁，虚心学习，奋发向上，孜孜不倦地耕耘着，不断向医学高峰攀登。在脊椎病方面，我从理论和临床实践上，学习相关知识，找机会与诸多专家进行切磋研究和学习。临床上，在常见腰椎间盘病的治疗基础上，我对出现的神经根水肿及粘连，在临床实践中进行了有益的摸索和探讨，用按摩和药物相结合的方法治疗，取得了满意的疗效，给病人解除了痛苦。我总结了临床经验，写出了《对腰椎间盘突出症的神经根水肿及粘连临床探讨》论文。在治疗椎间盘突出病症上，由于盲人不能看X光片，只能采取摸压诊法和物理诊断的方法进行确诊，我在实践基础上，写出了《浅谈腰椎间盘突出症的物理检查临床意义》论文。我的上述两篇论文曾在全国第一届腰椎间盘突出症学术研讨会上进行了交流，并纳入专著。不但如此，我还对增生性脊柱炎及颈椎病也写出了相关论文，且在省内外进行了交流和发表。我还拿这些理论指导实践，取得了明显疗效，受到广大患者的一致好评。1998年10月，中国残联职改办组织全国20多位著名专家，在北京组成了评审委员会，首次对全国盲人工作者进行了高级职称的评审。我个人申请，经省人事厅职改办委托推荐，申报了中医按摩主任医师任职资格。我本人经医古文的考试和论文答辩，均取得了很好的成绩，顺利通过评委的严格审核，取得按摩主任医师的任职资格。我不仅在临床上取得了优异的成绩，而且

对按摩康复专业有一定的贡献。我在培养、培训中青年按摩人才方面取得了丰硕成果，先后参与培养出数百名盲人按摩医生，达中高级职称的就有 50 余位。

中国残联主席邓朴方先生，曾多次在会议上强调、鼓励残疾人要团结起来，努力工作，平等参与社会。我时刻秉持这种精神，多年来积极参加社会活动。随着省、市盲协工作的陆续恢复及省、市残联的相继建立，我曾任省盲协委员、常委，省残联主席团委员，市残联主席团副主席，太原市盲协主席。在市委市政府的亲切关怀下，在残联党组织和执行理事会的正确领导下，我主动投身于残联的各项工作中去，经常把盲人的工作、学习、生活中新遇到的问题，不失时机地向各级领导反映，起到了桥梁和纽带的作用。如，在经济转轨过程中，许多盲人工厂停产，好多盲人失去了工作机会，生活没有了保障，我积极主动地配合残联，筹建组织了盲人按摩培训班。我亲自编写教案并亲自授课，使盲人又学到了一技之长，重新找到了实现自我价值的钥匙，开启了新的人生，也改善了他们的生活状况。再如，在残疾人"农转非"户口问题上，我每年参加审核工作，并积极争取指标，为盲人及其子女解决了户口问题，使他们能够安心工作。还有，我积极组织协助发放盲人乘车证。在我们向市有关领导反映了广大盲人的要求后，经过和有关部门协商，最终扩大了盲人的乘车范围，在公交站牌支柱上增加例如盲人标志，使盲人也可以方便地乘车。在盲文的推广、盲人学习电脑、盲人技能比赛、盲人各种文体活动和图书借阅方面，我出主意想办法，给领导当好参谋，推动了工作进程。我虽然在工作中只是做出了一点成绩，但党和政府都给予了我充分的肯定和很高的荣誉。我多次被评为民政系统和市先进工作者，并多次参加了市劳模大会。我几次当选残联系统自强模范和荣获省自强奉献奖，1998 年还光荣赴港，参加了联合国教科文组织的亚太地区第十一届康复会议。我 2001 年光荣退休后，仍热衷于残联工作。

我自己认为，我所取得的这些成绩，都归功于党和政府的辛勤教育和培养；归功于各级领导和社会各界的关爱和支持；归功于母校老师们的奉献和辛勤的栽培。这点成绩，距离党和政府的要求还有很大差距。我决心要以党的十七大精神为指针，高举社会主义和邓小平理论伟大旗帜，忠诚实践"三个代表"重要思想，落实科学发展观，与时俱进，不断开拓进取，勇于奉献，时刻牢记全心全意为人民服务的思想，为党和人民的事业，为残疾人的幸福生活而努力，发挥自己的余热。今年，北京奥运会和北京残奥会就快隆重召开了，我为母校能迎接这次盛会的召开，并成为展示学校及广大师生成就的一个平台而感到骄傲，我们这些毕业多年、在全国各个岗位上的学生，感到十分荣耀，我愿奉献自己的毕生精力，为残疾人事业贡献出自己的全部力量！

采编：黄智鹏

▲ 杨青风

我觉得自己肩上的担子更重了，我的这份工作不仅是在实现自己的梦想和价值，更承载着一种不可推卸的责任——通过我的节目，让人们更加了解和认可视障人这个群体，我们和所有的人一样，我们能行。

——杨青风

## 追梦金话筒
### ——记盲人主持人杨青风

"各位听众大家好，我是青风，现在是在上海体育场向您报道2007上海夏季特殊奥林匹克运动会的开幕式！"这是青风在2007年10月2日的晚上为听众传回的第一声报道。第一次作为采访记者，第一次来到上海，在现场为听众们发回报道，那兴奋、紧张、激动的心情至今还让青风记忆犹新。

也许是因为从小就视力不好的缘故，青风很少出去和小朋友一起玩。每天，他总是手捧收音机聚精会神地听着，就是睡觉的时候也舍不得放下，收音机成了他形影不离的朋友。听广播的日子是快乐的，广播伴随着青风一天天长大。不知从什么时候起，在他的心里有一个梦想开始悄悄地生根。

1990年，青风上学了——北京市盲人学校，这片沃土给他插上了梦的翅膀。班上有许多和他一样的广播迷，大家最喜欢的业余活动就是在一起听广播。可人家只是爱听，而他除了爱听还好琢磨——收音机的声音是怎么发出来的？他经常打开收音机的后盖，对里面的结构一探究竟。他渴望有一天，自己的声音也能像那些主持人一样，从这个神奇的小盒子里传出来。于是，他把自己想象成各种节目的主持人，一边自言自语，一边敲打着小纸片当作配乐，模仿广播里的主持人，既与嘉宾聊天，也接听热线。然而，他的这些举动却让父母很费解，为什么这孩子那么喜欢敲小纸片，父母甚至以为他得了多动症，命令他改掉这个坏习惯。而他却在幻想中享受着作为一个主持人的快乐。

青风想做主持人的梦想变得越发强烈起来。1996 年的一天，同学们在宿舍里闲聊，有个同学说起一种可以把信号发射到普通收音机上的话筒。青风闻听，如获至宝，立刻提议道："那咱们干脆就用这种话筒开个电台得了！"在一个周日的下午，青风和几位同学相约来到天意批发市场，经过数小时的软磨硬泡，终于以 35 块钱的优惠价格从一位阿姨手里买下了一个没有商标的调频话筒。于是，宿舍楼的上空便多了一家电台——"校园调频"。一个晚自习之后，坐在宿舍的小板凳上，青风开始了他的第一次播音，心中充满新奇。虽然这次主持更像是个游戏，新奇之外，他还有些紧张。突然，他听到自己的声音被放大了。仔细一听，声音从盥洗室里传出，原来是洗漱的同学们正在用双卡收录机收听他的节目。青风激动不已，他终于听到了自己的声音从熟悉的收音机里传出来了。这第一次"游戏"的成功给了青风无穷的力量。在以后的日子里，青风和几个喜欢鼓捣收音机的同学通常是一贫如洗。开办电台经常需要购买磁带、电池、话筒，为了维持电台的运转，他们只能节衣缩食，每天与咸菜和白菜为伍。虽然生活上很是拮据，但他们依然为自己创办的电台，为自己主持的节目所陶醉。青风说："我们穷并快乐着！"

"校园调频"丰富了同学们的课余生活，在校园里，青风也成了"名人"。说起第一次正式录制节目的事，青风还是记忆犹新。青风说："那是自己由'游戏'到'业余'的转折。2000 年的一天，已上高中一年级的青风接到学校团委的通知：在学校的环保月做一个有关环保的节目给大家听。青风和同学们简直不敢相信他们的耳朵，兴奋地跑回教室，立刻开始商讨节目的录制：节目形式、节目选题、录制现场资料、查找有关文字资料、采访专家、人员的分工等等。他们利用课余时间，终于在两周后完成了节目录制。他们做的是八里庄河水被污染的现场报道。青风如愿以偿地成为这个节目的主持人。节目定在星期一的校会上播出，青风从星期五就开始盼着，在心里一遍遍地想象

着节目播出时的情景，总觉得时间过得太慢。终于盼到了星期一的校会，全校的师生像往常一样来到会议室。节目开始播放了，片头刚一响起青风便听到周围一阵啧啧的赞叹。在播放的过程中，也不断有人小声称赞，直到播放完毕，全场响起了热烈的掌声。青风和同学们悬在嗓子眼儿的心才放了下来。第一次有这么多听众，第一次受到这么多同学的赞扬，青风和同学们更是信心倍增。青风说："老师和同学的肯定给了我莫大的鼓舞，让我觉得自己似乎正在一步一步地接近真正成为节目主持人的梦想。"

2002 年，青风告别了母校，走进了北京联合大学的校门。一个偶然的机会，听说一个机构可以培训盲人制作广播节目，这个消息让他欣喜若狂。尽管这个机构离联合大学很远而且坐车也不方便，但青风心里那种对广播强烈的渴求还是让他毫不犹豫地报名参加了培训。从那时候起，只要是没有课，他就会花上一个多小时的时间到那个机构去学习。无论风雪严寒，还是骄阳似火，他每天都会和所有的上班族一样穿梭于人来车往的城市。虽然开始的时候青风心里有些害怕，但他觉得能够为自己喜欢的事情每天奔波，心里又总是快乐的。每当历尽千辛万苦挤进拥挤不堪的公交车，他会为自己能拥有一种和普通人一样的生活而高兴。

在 7 月一个炎热的下午，青风有机会制作一期对残疾人开办的网站的报道。这是青风离开母校之后的第一期节目，这是他第一次独立策划、制作的广播节目，而且节目还要在北京的新闻广播播出。青风想到将会有那么多听众来听他的节目，心里又不免有些激动和紧张。带着这种复杂心情，青风开始不分昼夜地忙碌起来。坐在电脑前，手握话筒，青风感觉自己就像一个真正的主持人。或许是因为太紧

张了，或许是因为离专业主持人的水平差太远，刚刚开始录音的青风就遇到了困难：几句简单的开场白，他竟反反复复录了将近 3 个小时。青风说，虽然节目是熬了几个通宵做出来的，但他的精力却总是那么充沛。大概是做自己喜欢的事情永远都不会觉得累。他一天天地数着，等着节目的播出。终于，他从收音机里听到了自己的声音！像听其他的广播一样听着自己主持的节目，想象着听众们的反应，心里别提多高兴了。青风突然意识到：原来自己真的做了广播节目的主持人！

手握话筒，让自己的声音传进千家万户，走进每一个爱听广播人的心。梦不再模糊，而是清晰地展现在面前，青风不懈地努力追寻着。青风把所有的课余时间都用在制作节目上，他的节目开始不断地在电台播出。功夫不负有心人，2005 年，青风和其他几位视障人共同制作的广播节目《触摸长城》获得了中国残疾人联合会颁发的好新闻二等奖。

走专业之路，通过资格考试，通过普通话一级甲等测试（测试的最高等级），这是青风给自己提出的目标。听说通过普通话一级甲等测试很难，但青风觉得能在电台播音，通过测试应该不会有问题。于是，他只利用考试前最后一周做准备，便奔赴考场了。第一次考，他失败了。面对这样的结果，虽然青风表面上依然如故，但内心却是备受打击，久久难以平静。在经历了一番痛苦的挣扎后，他决定准备第二次考试。他无论是上课，还是做节目，都特别注意吐字发音，每天坚持听中央台新闻播音员的读音，就是和同学聊天时也要"咬文嚼字"。他还利用坐公交车的时间熟悉备考的阅读文章，几个月下来，几十篇阅读篇目他都能背诵下来。再一次走进考场，他终于如愿以偿地拿到了普通话一级甲等证书。通过这两次考试，青风明白了：成功没有捷径！

曾有听众打来电话问："青风，你真的是盲人吗？""你主持得真好，广播里一点儿都感觉不到你是盲人！"每每听到这样的话，青风一方面为自己能得到了听众的肯定而高兴，另一方面则又有些无奈。大多数人对视障人还很不了解，甚至是误解。青风说："我觉得自己肩上的担子更重了，我的这份工作不仅是在实现自己的梦想和价值，更承载着一种不可推卸的责任——通过我的节目，让人们更加了解和认可视障人这个群体，我们和所有的人一样，我们能行。"

大学毕业后，青风加入了"1+1 视障人声音工作室"。这里的每一

名工作人员都非常热爱广播。作为国内第一个残障人媒体组织的成员，当青风站在特奥会新闻中心与各地广播电台进行现场连线直播时，当他用自己的视角和感触报道盲人门球赛时，大家看到的其实不仅是青风，也不仅是他们的制作室，而是整个视障人对于生活、对于梦想的执著和追求。当他们的节目每周在全国几十家电台播出，当奥组委邀请他们作为视障人媒体的代表，对残奥会的媒体运行进行测试的时候，青风深切地体会到，人们对于视障人已经不仅仅是简单的支持和帮助，而是有了几分认可和尊重！

青风说："我愿用我的声音向人们传递视障人自强奋进的心声。我要告诉所有的视障朋友：只要有梦，生活就有希望。"

采编：付雪松

▲ 张明泉

一个成功的人，无论是做人还是做事，都要像滚雪球一样实在踏实。

——张明泉

## 实在做人踏实做事
### ——记盲人按摩师张明泉

  我叫张明泉，于 1995 年进入北京盲校读中学，1998 年跃级学习按摩专业，2001 年毕业于盲校按摩中专，一直从事按摩行业。

  我来自河北保定的农村，家境十分贫寒，由于生下来发烧，我自幼双目几乎失明。仅存一点儿残余视力，又由于农村消息闭塞，我从来没听说过盲校这个新鲜的字眼儿，所以我一直在村里玩到了十四五岁。突然有一天，我在保定上班的伯父带来了一个消息，说盲人可以学按摩，可以让我去试试。于是便带我过去面试。面试后，夏老师说我必须先学文化课，再来学按摩。于是 1991 年，夏老师写信推荐我到张家口盲校上小学，1995 年毕业时，全班同学几乎都选择了学按摩，但我由于始终学习成绩优秀，又是班干部，故此怀着一个上大学的远大理想，托人进北京盲校继续就读中学。

  刚到北京盲校，我对那里的一切都感到陌生，看到同学们都比我吃得好，穿得好，更觉得首都北京是那么的神圣而高大，我跟首都人相比是那么的渺小。那时我有一种莫明其妙的自卑和恐惧，在班里，我很少说话，更不愿跟别人交谈，也很少下楼去玩儿，只是一个人在教室里读书学习。平时我总是第一个进教室，最后一个离开，周六、

日，我早晨六点钟起床到教室，晚上十点多下楼洗漱休息。我除了学习课本知识外，还大量阅读课外书来充实自己。由于我勤奋好学，加上我的聪明和扎实的学习功底，我的成绩始终名列前茅。

虽如此，我的学习也不是一帆风顺。刚进北京盲校时，我就遇到了拦路虎，那就是学英语，在我上小学阶段，学校不开英语课，所以我从未接触过英语，而北京盲校则在小学三年级就开设了英语课，那时一到英语课我就头疼，更有同学经常在课堂上取笑我，让我读英语单词，当时我很气恼，然而并没有因此而气馁，而是加倍地去学习。我问同桌，问同学，还求教于高年级英语好的师哥、师姐们，尤其在第一学年的寒假，我不分昼夜地熟读背诵英语单词和句型，白天除了吃饭干活我都是在不停地读、背，晚上为了不影响他人休息，熄灯后我独自躺在被窝里读呀、背呀，功夫不负有心人，终于在第二学期，我的英语成绩也跃居榜首，这时的同学们都非常佩服和羡慕我，我也感到异常地欣慰。

我在学习上可以说是龙归苍海，随心所欲，然而在生活上我却穷困潦倒，由于父母年龄大，收入低微，所以在盲校就读六年，我非常节省，那时我很少吃菜，只是喝一份稀饭啃几个干花卷，就当是感受生活吧。正是由于家庭收支与高昂的学费之间的严重失衡打碎了我的大学梦，使我不得不在初中三年级时中途改志，跃级学习按摩。在就学期间，我还曾经勤工俭学过，帮小学生洗衣服，每月挣几十块钱，以补贴生活之用。老师见我虽然生活上窘迫，但在学习上勤奋、努力，又刻苦，且成绩突出，都比较同情和重视我，不失时机的为我争取助学金和奖学金，尤其是1998年我刚升到中专那年学校不仅帮我争取了一笔助学金，还给我减免了一半住宿费，这些钱对我来说简直是一个天文数字，就这样我才勉强顺利完成学业。

正是由于领导、老师及各界人士的热情关心和帮助，在六年的学习生涯中，我不仅做好一个班干部和校级干部份内的工作，团结同学，凝聚同学，架起老师和同学沟通的桥梁，同时，我还用我的优势和长处帮助同学解决学习中的难题和生活上的不便。

记得在中学阶段，特别是初一、初二这两年，我晚自习什么都干不了，几乎天天帮同学们讲解、分析作业题，不夸张地说，每个晚自习我总是逐题逐个地讲解，每每下了自习课，同学们都在宿舍里大闹嬉戏，我却在教室里埋头写着作业。

到了中专，我们班从外面招进了两个特殊的同学。先说说我们这位漂亮的女同学——崔顺利，她双目失明，且听力很差，坐在前排也很难听清老师讲课内容，另外由于她听力差，又加上是大病初愈，故此，她的平衡位置和方向感特差。我得知了她的情况，便主动找到了班主任李老师，说我要担负起帮助崔顺利生活和学习的职责。同时我还跟李老师说"我不怕同学取笑奚落，只怕您误会我，因为我不仅要负责她往返于宿舍，教室这段路上的行走安全，还要给她我抄的工工整整的笔记供她学习。"两年如一日，我始终是这样做的。她也不错，没有辜负我的好意，经过自己的努力成绩在班里一直名列前茅。

另外再说我们这位男同学——他来自门头沟，不太爱干净，还胆小，所以，同学们总欺负取笑他。第一学期末不知什么原因，总之他是考了倒数第一。鉴于此，第二学期我主动邀请他跟我一组练习，上课时，我总让他在我身上练，而且手把手一个动作一个动作地纠正，到了学期末，他不仅及格了，还摆脱了倒数第一。看着我帮助的同学在不断地进步，我从心底有一种克制不住的欣慰和喜悦。

另外我还要补充一点，我这样做绝不是讨老师的欢心，而是对他们的感恩，正是他们这种乐于助人的精神感染和启发着我，在这里我只是真诚地将这种精神慢慢传播开来，发扬光大而已。时光飞逝，转眼间指针已到了2001年，我带着老师的嘱托和期待，带着对老师的感激，带着对同学的牵挂和祝福，带着自己所学的按摩知识和抱负，恋恋不舍地离开了盲校，步入了社会大学这个大融炉来历练自己。从那时起，我经常告诫自己，我不仅要在校内表现好，还要在社会上表现更好，我要把盲校的校风校貌带到社会上去，带给我身边的每一个人，我要让他们知道，盲校的学生个个优秀，没有一个孬种，我还想等我混出样子的时候，再返回母校，向领导老师汇报。如果我经济宽裕了，我也要资助一些贫困的盲孩子，使他们能够顺利就学以至就业。

毕业后，我走过不少的按摩店。我总觉得老板和按摩师之间有一种不易言表的、莫名其妙的东西在不断地发展变化着，每每想到这些，我想着有朝一日自己也做老板去开店。虽然这样，我还是挣到了一笔

钱，还清了我上学时欠下的钱，最令我感到高兴的是，2002 年我结识了我的妻子——于双珍，经过近一年的相识、相知、相恋、相爱，我们结合在一起，组建了我们和谐、美满的小家庭。次年，我们生下一女，她活泼可爱，给全家带来了无比的幸福和欢乐，孩子是我们两人的结晶，吸取了我们的优点，也增加了我们的感情。

孩子满月后，我刚想出去上班，我在保定的伯母得知我在家，便给我打来电话，说保定也有不少按摩诊所生意不错，问我去不去。我觉得这是一个机会，决定去试试，于是便三下保定去考察市场。经过仔细斟酌和精心准备策划，我终于在保定开起了按摩诊所。没想到这一开还不错，真的到保定扎了根落了户。开始我决定到保定开诊所时，遭到了父母及家人的一致反对，他们总觉得跟别人干省心，而且到月能发薪水，又没有风险。然而我和他们的想法截然相反，我总觉得跟别人干挣的再多，那也是别人的事，于是我跟他们这样说："第一，跟别人干挣的再多，也不如老板挣得多；第二，我也应该趁年轻干一番自己的事业；第三，伯父年轻有经验，能帮忙应该抓住机遇，机不可失，失不再来；第四，假设我一年一个顾客都没有，我赔上两、三万到头了，等来年孩子一周后我们夫妻俩出去打工，还不是照样挣钱吗？更何况我是科班出身，还有我的技术和能力在担保呢。"这样他们才勉强同意了。初到保定，人地两生，开始，我的伯母先帮我在花园里社区租到了一间约 40 平米的简易房，后又请人帮我做了牌子，我自己准备了按摩床及床单、床罩等与按摩相关的物品，便开始义诊，初来乍到，我没有给前来义诊的患者规定时间，基本上是有来必应。当时，我一个人从早忙到晚，最忙的时候连上厕所的时间都没有，早晨我最早的义诊时间是五六点钟，晚上则到十一二点钟，另外别人都义诊两三天，我则义诊一个星期。这一切准备是为了正式营业有一个好的开头。

真是功夫不负有心人，因为我有备而来且准备充分，从开业时起我这的患者就源源不断，看到我天天如此忙碌，开始我的姐姐和妹妹轮流在这儿照顾我，给我做饭打扫卫生，后来我的女儿过了百天，我的母亲便陪着我的妻子，带着我的孩子来替换我的姐妹，至此，我们一家人终于在保定团聚了。那时候因为孩子小，妻子需要喂奶，按摩还只是我一个人担负，日子虽然清苦平淡，然而一家人在一起，享受天伦之乐，倒也别有情趣。

不过好景不长，随着天气渐凉，传来了一个不好的消息，这所房子冬天没暖气。听到这个消息我心急如焚，因为这意味着冬天我将无法营业下去，而且孩子更要跟着挨冻。一天，我的伯母过来闲谈，我把这个消息告诉了她，她也很着急，又无计可施。我的伯母是一个善良的、热心助人的人，因为怕对周围的环境不熟，又怕别人欺负我们视力不好，在我刚开始的一年里几乎天天到我那儿看着，以免在家不放心。鉴于上述情况，一天我突然生出了买房的念头，于是便与伯母商量着在附近买一套房。我说如果房子能买成，第一父母花费十年心血和金钱供我上学学一技之长，可以让他们扬眉吐气，挺直脊梁，而且我们还可以相互照应；第二夫妻不分离，完全结束了颠沛流离的打工生活；第三孩子生在农村，长在城市，为孩子创造了一个良好的成长环境和条件；第四可以长期定居一处，保证客源不流失；第五节省房租。伯母听我说的有道理，频频点头，便又四处奔波帮我找房子，没几天就在离我不远的地方找到了一栋77平米的一楼。经过简单刷新，我们终于搬进了属于自己的温暖的新家。搬进新家后，为了便于打扫卫生，更为了以后夫妻携手按摩，我们忍痛给不到八个月的孩子戒了奶，现在回想起来还不禁一阵阵心碎。另外我的房子所在位置离租房的距离不算太远，所以生意不但没受影响，而且还发展了不少新患者，四年来我们虽然借了不少外债，但是看着我们的生意日新月异，蒸蒸日上，看着我们和睦温暖的小家庭，看着我们可爱的宝贝女儿一天天健康苗壮地成长起来，我怎么也按耐不住心底的愉悦和高兴，如今我们除了生活之用，每年大概能还2万元左右的外债，孩子也送进了保定市较好的幼儿园学习。

一个优秀的按摩大夫必须具备全面的素质要求，几年来我在从业过程中，不断总结归纳以下四点：一、在专业技能方面要技艺精湛，精益求精，另外要开拓进取、推陈出新；二、对待患者的态度要谦恭和蔼、真诚友善，另外在诊治病症过程中绝不能凭经验妄言，胡乱应付，不要忘掉人是有个体差异的，任何一个患者特别是新患者，来了一定要仔细询问，做出准确判断再施以治疗；三、环境要干净淡雅，

要让患者宾宾至如归，环境就像是人的一张脸，给人的第一印象很关键；四、一个优秀的按摩大夫还要不断学习心理学，天文、地理、文学等科目，不断充实自己，你学的越多，供选择的话题越多。这样你和患者之间就架起了一座沟通的有益桥梁，我自己开了四年诊所，一直遵循这个原则，通过交流，不仅给患者解除了身体的不适，更为患者扫除了心理障碍。现在有很多患者已和我成为了朋友，我也成了他们倾诉对象，他们异口同声地对我这样说过，如果你不说你视力不好，我们还以为你是一个很有素养的大学生呢。我是盲校毕业生中的一份子，毕业数年来我绝不敢说我做得是最好的，然而我却一直不断地努力，努力把盲校的校风和精神传承下去，传播开来，我坚信盲校的毕业生无论是以前的还是以后的，个个是英雄，绝不是孬种。

最后我想说：一个成功的人，无论是做人还是做事，都要像滚雪球一样实在踏实。要想滚成大雪球，首先要把飘浮的雪花接在掌中，攥实后再放在雪地上滚，当雪球滚得推不动的时候，别人想顺手牵羊把它带走那是不可能的。我后面的路还很长很长，我一定要戒骄戒躁，与时俱进，使自己的事业更进一步。

采编：黄智鹏

**鸣谢：**

　　本书所采用的稿件均为当事人提供，其中不乏有相关媒体记者采访当事人的新闻稿件，由于时间紧迫及各种客观原因，我们不能一一联系，请相关著作权人按以下方式与我们联系，索取相应的稿酬。

　　邮箱：hoverkk@163.com

**图书在版编目(CIP)**

黑暗中的绽放——北京市盲人学校优秀毕业生事迹集/北京市盲人学校编. —长春:吉林大学出版社,2008.8

ISBN 978-7-5601-3902-9

Ⅰ.黑…  Ⅱ.北…  Ⅲ.盲人学校—毕业生—生平事迹—北京市  Ⅳ.K828.6

中国版本图书馆 CIP 数据核字(2008)第 121238 号

书　　名　黑暗中的绽放——北京市盲人学校优秀毕业生事迹集

作　　者　北京市盲人学校编

责任编辑、责任校对:沈广启　　　封面设计:首都经济贸易大学出版社激光照排部

吉林大学出版社出版、发行　　　　北京博海升彩色印刷有限公司　　印刷

开本:787×960　毫米　1/16　　　　2008 年 8 月第 1 版

印张:11.875　　字数:160 千字　　　2008 年 8 月第 1 次印刷

ISBN 978-7-5601-3902-9　　　　　　　　定价:38.00 元

社址:长春市明德路 421 号　邮编:130021

发行部电话:0431－88499826

网址:http://www.jiup.com.cn

E－mail:jlup@ mail.jlu.edu.cn